美しく生きるヒント

前に向かって歩む35の言葉

小林照子

青春出版社

はじめに　今日の自分にかける言葉が、明日を変える

厚生労働省の発表によると、日本人の平均寿命はいまや男性は81・25歳、女性は87・32歳と過去最高を更新しているようです（２０１８年）。人生が長くなったということは、私はとても素晴らしいことだと思っています。就職、結婚、子育て、親の介護。ひとの一生にはさまざまなできごとがありますが、これだけの長寿社会になれば、人生の第1章の先には第2章がある、そして第2章の先には第3章がある……というように、いくつになっても未来のステージに希望を持つことができるからです。

しかし長く生きるということは、その分、不安や葛藤《かっとう》を抱えて生きることでもあります。自分の健康のこと、仕事のこと、家族のこと、お金のこと、ひとととのつきあい方のこと。考え始めれば、きりがありませんよね。

私自身、50歳の頃は自分の人生が不安で不安でたまりませんでした。からだは更年期の真っ只中なのに、27年働いてきた化粧品会社の役員にも就任したばかり。仕事を休むことなんて絶対できない、自分自身の悩みや苦しみを他人に見せるようなことも絶対できない。そんな強がりと焦りでこころは毎日すり減っていきました。

もしかしたら、自分の体調不良はこれから一生続くのかもしれない。

もしかしたら、自分はもう新しいことができる人間ではないのかもしれない。

もしかしたら、自分の人生は悪いほうに転がり始めているのかもしれない。

私の頭の中に浮かんでくるのは、いつもそんな〝悪いこと〟でした。人間というものは、一度疑心暗鬼にかられると、悪いことばかり考えるものなのかもしれません。

いつも自分のこころの中に澱《おり》があって、いつもこころの中に沈殿しているものがある。それが50歳の頃の私です。

そこで私は悩みに悩んで、その6年後に自分の「生き方」を変えました。不安や不満の「澱」をこころの中にためながら生きるということは、自分で自分の人生をつまらなくしていることだと、54歳のときに気付いたからです。そして56歳で独立起業。そこから30年近く美容研究家、企業経営者として歩んできました。私はいままで自分の人生をじっくり振り返ったことなどありませんが、それは決して平たんな道ではなかったように思います。

ただ85歳の現在まで私が現役で、楽しく元気に生きてこられたのは、**いつも「いまの自分」を愛せる自分でいようと思ってきたからではないか、と考えています。**

生きていれば、嫌な思い、つらい思い、切ない思いにかられることだってたくさんあります。他人の人生は輝いている。それに引き換え、自分の人生はなんてカッコ悪いのだろう。なぜ自分はいつも損ばかりしているのだろう。そんな思いを抱き、気持ちがへこんでしまうような経験、私はいままで数え切れないほどしてきました。

でもね、カッコ悪く生きるように生まれついたひとなんて、いないんです。

一生つまらない思いで生きるように生まれついたひとなんて、いないんです。

もっともっと自分のことを認めてあげて。

いままでがんばってきた自分を認めてあげて。

そしていつも「いまの自分」を愛せる自分であるように、折に触れて、こころの「澱」を取り除いてあげてください。

こころの中に汚れた「澱」がたまらないようにするために一番いいことは、「澱」を溶かしてしまうような、強くて温かい言葉を口にすることだと私は思っています。85年も生きてくると、やはり言葉には「言霊《ことだま》」というものが宿っているのだなと感じることが多々あります。よくないときに「あ〜あ」「だめだ」「もうどうにもならない」「嫌だなあ」「逃げてしまいたい」などというネガティブな言葉を口にすれば、よくないことはもっとよくないこととして自分に戻ってきます。それはネガティブな言葉を口にする人間のネガティブ・パワーが周囲のひとたちにも伝わるからでしょうね。

少しも「未来」をよくしようと考えていない人間に、ひとが力を貸してくれるわけはないのです。よくないときこそ、その「よくない現在」から少しでも前進した「未来」につながるような言葉を口にすることです。

嘆き節ではなく、前向きな言葉を口にするだけで、実は人生は大きく変わってきます。自分自身の中にも力が湧いてきますし、たとえわずかでも未来の可能性を信じて行動する人間のまわりには、同じように未来の可能性を信じて生きている人間が集まってくるからです。同じ人生を生きるのであれば、「あ〜あ」「嫌だなあ」とふてくされながら、毎日自分の不幸を嘆いたり、毎日ひとの悪口を言うことに時間を割くよりも、明日が少しでも楽しくなるように、そして一分一秒たりとも無駄にならないように生きるほうがどんなにいいでしょう。

本書には、生きていく上で〝困ったときにこそ、口にしてほしい言葉〟を集めました。いままで私が私自身にかけてきた言葉もあれば、私に勇気を与えてくれた〝ひとの言葉〟もあります。どうぞいまのあなたのこころに響く言葉を選んで、あなた自身にかけてあげてください。そしてまたもし、あなたのまわりでつらい思いをしているひとがいるのであれば、そのひとのこころが少しでも前向きになるような言葉を選んで、あなたの口からそのひとに伝えてあげてください。

生きていく上で大事なことは、こころを「深化《しんか》」させていくことです。自分のことだけではなく、まわりにいるひとにも思いやりを持って、自分のまわりのひとたちを少しでも幸せにしていくことが、あなたの使命だということを忘れないでください。

美しく生きるということは、表面上の美しさを大事にすることではありません。体裁をつくろうことでもありません。自分のこころ、ひとのこころをいたわりながら、よどみなく生きていくことです。

私は皆さんより少しだけ長く生きてきた人間です。長く生きてくると、自然と人生を好転させる言葉は見えてくるものです。それをこのように一冊の本としてまとめておけば、きっと皆さんのお役に立つこともあるでしょう。

私の人生経験から抽出した言葉が少しでも、皆さんの人生の支えになりますように。

人間はいくつになっても、人生を変えられる可能性を持っているのですよ。

小林照子

『美しく生きるヒント』目次

第2章 「感情」をしずめる言葉

第3章「生き方」を深化させる言葉

第4章「つながり」を強くする言葉

本文デザイン　新井美樹
編集協力　赤根千鶴子

第1章

「不安」が消えていく言葉

突然、「人生の転機」が訪れた

「10年後、何になっていたいか」を考えながら、生きていこう

いまは、日本人の2人に1人はがんになると言われている時代です。でも自分が重い病気だと医師に宣告されたときに、取り乱さないでいられるようなひとはいるでしょうか。「仕事はどうしたらいいのだろう」「家族はどうなるのだろう」「治すことはできるのだろうか」。いろいろなことが頭の中で渦巻いて、とても不安な気持ちになると思います。そんなときに「強い気持ちを持って」「大丈夫よ」と周囲から声をかけられても、なかなかこころは落ち着かないものです。むしろ根拠のない「大丈夫よ」という言葉に、そらぞらしさを感じたり、「あなたに何がわかるの?」という憤りを感じたりするかもしれませんね。

7年前に、一緒に仕事をしていた女性ががんになりました。その方はラジオ番組のキャスターをされていて、私もときどき共演させていただいていました。ところがある日、彼女が急に番組を降板することになりました。彼女は私に静かに言いました。「急ですが、私、今日で降板することになりました。がんが見つかったので、手術をしなければならないのです。すぐに入院します。いままで本当にありがとうございました」

いつも明るい笑顔の女性が、震えながらこわばった表情で話される姿を見て、私は胸が痛くなりました。私は彼女に精一杯の励ましをと思い、こう声をかけました。

「10年後に何になっていたいか、考えながら過ごすといいわよ」

これは私自身が体調不良のときにいつも自分にかけていた言葉なのですが、その彼女にとっては非常に衝撃的な言葉だったようです。仕事関係のひとたちに「がんになったので仕事を降板させていただきます」と言うと、多くのひとたちが「ゆっくり治療してね」「きっと元通りになれるわよ」とねぎらいや励ましの言葉をかけてくれたそうです。それはそれでとてもありがたい気持ちになったと彼女は言っていました。

しかし「10年後」という未来に目が向いたとき、彼女はハッとしたそうです。

「これからどんなにつらい治療が待ち受けているのだろうか」

「いまから何年くらい仕事を離れないといけないのだろうか」

と、それまでは自分の目の前のことで頭がいっぱいになり、こころの中に〝希望の持ちよう〟がなかったと、あとから彼女に聞きました。でも10年後にどんな生き方をしているか、ということに目が向いたとき、彼女はそれまで忘れていた自分の夢を思い出したそうです。彼女の夢はテレビでも仕事をすること。

「病気を治して、テレビに出よう。それを目標に生きていこう」

そんな決意が生まれた瞬間から、彼女のこころの中から治療の不安が消えたといいます。

入院して、がんの治療をする。
それは10年後の自分のため。
いま他人よりも遅れをとっているとか、自分は仕事に復帰できないなんて、もう思わない。
自分はすでに10年後に焦点を合わせて生きているのだから。

そう思って、彼女はがんの治療に専念したそうです。そして見事に病を克服したあと、キャリアを積み重ね、いまや彼女はテレビの世界でも活躍する女性になりました。

今年、私は彼女からメッセージを受け取りました。

「あれから7年たちました。

いただいた言葉をこころに刻み
ずっと10年先を見て歩き続けてきました。

まだまだ道の途中ですけれど、
昨年、私は結婚式もあげることができました。
いろいろなことをあきらめずに、歩いてきてよかった。
いままで生きてきて本当によかったです」

私は涙がこぼれました。

重い病気というものは、なかなか受け入れられるものではありません。でももしあなたがこれから先、病気の宣告を受けるようなことがあっても、自分は不運だ、自分は不幸だという考え方にとどまらないようにしてほしいと思います。人生に「突然の転機」はつきものです。病気以外にも、不測の事態に出くわすことはきっといろいろあるでしょう。でもそこで「自分の人生はもうダメだ」なんて、どうぞ思わないでください。

あなたは、いままでの人生に負けたわけじゃない。
あなたの人生はダメなんかじゃない。
あなたは「10年後」に向かって、人生の舵を切り始めたのです。

いままで忘れていた夢を思い出したり、

いままでの人生の延長線上では出会うはずもないような人たちと新しく出会うために、新しい人生の舵を切り始めたのです。

そう考えると、不測の事態と向き合うときの気持ちも変わってきませんか？

「10年後、何になっていたいか」を考えながら、生きていこう。

この言葉は、あなたの大切な方にも教えてあげてください。

老後のお金が心配

引き締めるときは、徹底的に引き締める
使うべきところでは、賢く使う

「長生きリスク」という言葉を最近よく耳にします。長寿社会になったがゆえに、生きている間に生活資金がなくなってしまうリスクという意味ですが、そんな言葉を聞けばどんなひとだって不安になりますよね。勤め先を退職するまでに、いくら貯金しておけばいいだろう。退職金で何年くらい暮らせるだろう。年金以外に何か収入を得ることはできるだろうか。お金のことを考え始めると、なかなか気持ちが落ち着かないものです。

でも私はいつもこう思っています。老後のお金に関しては、収入や貯蓄額を大きく増やすことよりも、**まずは無駄に使う金額を抑えることのほうが先、**と。

いまから35年ほど前、日本経済はバブル期に突入しました。いま50代前半の方ならば、ちょうど大学生になられた頃ではないですか？　景気のいい、華やかな時代でした。街の中ではいつもたくさんのイベントが催され、ホテルではたくさんのパーティーが開かれて。海外の高級ブランド品も皆が買う時代。それを「みっともない」と眉をひそめる方もいらしたかもしれませんが、私はそれはそれで多くのひとがセンスや審美眼を磨く機会になったのではないかなと思っています。決して、はじけたあと何も残らなかったわけではない、と。

ただ、このバブル期にいまだに人生の軸を置いている方がいらっしゃるならば、それはちょっと不幸なことだと思います。〝身に着けるものは高級ブランド品でなければならない〟〝ものの値段は高ければ高いほど素晴らしい〟といったバブル期の価値観を引きずっていると、お金はやはり余分に出ていくもの。その〝むやみに高いもの好き〟なクセを改善できないひとが、老後破産へと歩みを進めてしまうのかもしれません。

私は決して「ケチ」になれと言いたいのではありません。**自分が本当に好きなものに関しては、むしろ積極的にお金を使うべきです。**私自身、自分が愛する服やメガネは多少高くても購入しますし、自分の美意識を刺激するために毎月1回、懐石料理のお店に伺って季節のお料理をいただくといったことは、もう何十年と続けています。

しかしこれは私が私らしくあるために最低限必要なことだから、私はお金を払うのです。もしこうしたことをむやみやたらに生活全般にやろうとしたら、家計はすぐに破綻してしまうでしょう。

お金はメリハリをつけて使う習慣を身に着けることです。自分らしく生きていくために「これだけは譲れない」というものには、きちんと資本を投下すること。けれどそれ以外の部分では無駄な出費は引き締めること。この習慣は早く身に着ければ身に着けるほど、〝人生〟に効いてきます。

またもうひとつ、こころの片隅にとどめておいていただきたいことは「永遠に続く〝いい時代〟など存在しない」ということです。これから生きていく中で皆さんも、再び景気のいい時代に遭遇したり、あるいはビジネスが大成功して大きなお金を手にするようなことがあるかもしれません。でもいつまでも運よく〝いい時代〟が続くなどということはあり得ないのです。

私は6歳の時に、証券会社を経営していた実の父親が亡くなり、養女に出されました。養父は防空資材を販売する会社を経営しており、事業を大きく拡大していました。しかし、1945年（昭和20年）3月10日の東京大空襲で店は全焼し、終戦後、我が家は無一文になりました。それまで養父を「社長」ともてはやし、養父の元に集まっていた大人たちが逃げるようにサーッと消えていった日のことを、私はいまでも覚えています。

時代は必ず移り変わっていくのです。「いま」がよくても、人生にはどんなことが起こるかわかりません。だから、たとえ**「いいときだな」と自分が感じる時期であ**

って も、いい格好をするために調子に乗って浪費をしたり、浮足立って分不相応なものを買ったりしないことです。

お金は天下の回りものと言いますが、私はお金は「賢いもの」でもあると思っています。賢いお金は、賢い使い方をしてくれるひとのところに必ず戻ってきます。そうしたら、また賢い使い方をして、世の中に戻してあげる。その繰り返しが一番大事なのかもしれません。

ひとに意地悪されたら

気にしなさんな

ひとからつまらない意地悪をされたとき、こころというものは一番モヤモヤするものです。こちらには何の悪気もないのに、相手は自分を毛嫌いしているらしい。この〝目には見えない他人の微妙な気持ち〟は、そもそも受け止めようがないのですから。

私は50歳のときに、勤め先の女性初の役員になりました。そして人生初の役員会議の日、とんでもない失敗をしました。会議に大遅刻してしまったのです。言い訳のように聞こえてしまうかもしれませんが、聞かされていた通りの時刻に、いいえ、その時刻の20分前に会議の場に入ろうとしていました。しかし私がその場所についたとき、会議はすでに終盤を迎えていました。

昭和60年代のことです。その当時、勤め先の役員会議は毎月都内のホテルで朝8時から始まることになっていました。80代後半の会長、そして社長、専務を中心に役員がそろって全員で朝食をとりながら、仕事の話をしていくというスタイルです。

会場である一室に入ろうとしたとき、中からたくさんの食器の音がしたので不審に思い、私は部屋の入口にいたホテルマンに聞きました。

「こちら、スタートは8時からですよね?」

「はい、本来は8時スタートでございますが、会長はいつも6時台にはお見えになりますので、もう何年も前から通常7時には朝食をお出ししております」

ホテルマンの言葉を聞いて、私は血の気が引きました。部屋のドアを開けた瞬間、

「遅いなあ、新役員」

「あなたのお披露目の場だというのに」

「どうしたの？　遅いからもう始めてましたよ」

と、皆さんからのブーイング。

「やられた」

私はそのとき初めて気がつきました。私は表向きの開始時刻を伝えられていただけで、実際の開始時刻は伝えてもらえなかったのだと。役員になって最初の朝食会で大恥をかくように意地悪をされたのだと。私に集合時刻を伝えてくれた方は、もし私が役員にならなかったらその方がなっていただろうと言われていた方です。ああ、私の思慮が足りなかった。そして私のリサーチも足りなかった。いくら社長のまわりの仕事をしているひとだとはいえ、たったひとりの言葉をそのまま鵜呑《うの》みにして出かけて

いった私のミスです。

ただ、そんなところで大騒ぎをしても始まりません。その場で騒げば騒ぐほど、自分を正当化しようとジタバタしているようにしか見えないでしょうから。

こころの中はショックでした。そして怒り心頭でした。でも私は深々と頭を下げて言いました。

「申し訳ありません。遅くなりました」

その場は何とかうまく収まりました。が、私の中には長い間、釈然としない思いが残りました。

しかしひとの嫉妬や意地悪などというものは、どこの世界にもあるものなのです。 60代半ばのとき、映画の仕事で、ある女優さんのメイクを担当したときのことです。主役はその女優さん。そしてその方に脇役の女優さんがやきもちを焼いていらしたのでしょう。主役の女優さんが撮影用の服に着替え、私がその服に合ったメイクを始めていたところ、脇役の女優さんが、

「あなた、衣装を間違えて着ているわよ。今日撮影するシーン用の衣装は、こっち。こっちの衣装に着替えるといいわ」

と、主役の女優さんに言いました。そこでその衣装に着替えたところ、それはウソで、最初に着ていた衣装が正しかったというようなことがありました。

そのときの主役の女優さんの言葉を、私はいまでも忘れることができません。

「気にしなさんな。大丈夫。

こんなことはどこにでもある。

いちいち大騒ぎなどしていられるものか」

これを聞いて、私も長年おなかの中にためていた嫌な思い出がスッと消えていくのを感じました。

意地悪はスイッとかわして、取り合わないことです。

こちらはこちらで誠意のある対応をして、周囲のひとまで巻き込まないこと。

そして不愉快な思いは、その日のうちに忘れることです。

私は長年美容の世界で生きてきましたから、ひとの顔を見ればそのひとがどんな生き方をしてきたひとなのかもわかります。毎日どんな表情で生きてきたか、ということはやはり顔に出てしまうもの。**意地の悪い顔をしながら他人の悪口を言ったり、愚痴ばかり言っているひとというのは「意地悪ジワ」がいつのまにやら顔に刻まれているものです。**「意地悪ジワ」はそうそう消えるものではありません。

意地悪は「されても、しないこと」。

そもそも意地悪をしてくるひとというのは、人間が小物だからしてくるのです。自分の気持ちだけでいっぱいいっぱいになってしまう大人は、やはり第三者から見て〝美しくはない〟。そういうものだと思います。

子どもがいないさびしさを感じたとき

あなたはこれまでに
たくさんの子どもを育てたの

ひとの生き方というものは、本当に十人十色。生き方にマニュアルがあるわけではありませんから、皆さまざまな生き方をしています。そして他人に言わなくても、ひとは各々「事情」を抱えて生きているもの。年齢を重ねれば重ねるほど、その事情は複雑になってくることもありますよね。

〝子どもに関すること〟というのは、本当に難しいものです。結婚しても事情があって、子どもはつくらないというご夫婦もいます。経済的な心配があって、子どもを持つべきではないと判断するご夫婦もいます。

その一方で、子どもを持つためにさまざまな努力をしているのにもかかわらず、子どもに恵まれないというご夫婦もいます。何年も不妊治療をしてきたのに、あきらめざるを得なかったという方々だってたくさんいらっしゃいます。だからどんな場所でも、私はあまり不用意に子どもの話や子育ての体験談などは語らないようにしています。

それは大人同士のマナーであり、大人同士の思いやり。ひとはそれぞれいろいろな「事情」といろいろな「感情」を持って生きているのです。皆が皆、自分と同じような人生を歩んでいることを前提に、話題を展開してはいけません。

また逆にもしあなた自身が、子どもがいないということでさびしさを感じたりしているのであれば、どうぞこの言葉をこころにメモしてください。

あなたは前世でたくさんの子どもを産んだの。
そして全員、見事に育て上げたの。
だから今生《こんじょう》では
あなたは子どもを持たない。
でも、たくさんの子どもを育てた経験があるから、
いまあなた自身の子どもはいなくても
あなたはひとを育てるのが、とても上手。
今生《こんじょう》では、あなたはきっといろいろなひとの子どもたちを
気が付かないうちに
一人前に育てているはずよ。

これは私の知り合いの女性フォトグラファーに、ある方が昔、かけてくれた言葉で

す。そのフォトグラファーの女性は、仕事に邁進《まいしん》してきたとても有能な方。人気もあって、お弟子さんたちもたくさんいて……という方だったのですが、ご自分が結婚していないことや子どもがいないということを、こころのどこかで否定的に捉えていました。でもたまたま私の家に集まったメンバーの中で、この言葉を彼女にかけてくれたひとがいました。彼女は「こころがほどけた」と言って、泣き出しました。彼女だけではありません。その場にいた全員のこころに突き刺さった言葉でした。

結婚というものは本当に「縁」や「タイミング」で決まったりする部分もありますし、子どもを持つ、持たないというのも、自分の意思だけで決まらない部分が大きくあります。けれど結婚や子どもに縁がなくても、その分自分は別のことにたくさんの縁を持ち、たくさんの子どもたちを間接的に育て上げている。そう考えると、自分の中に勇気が湧いてきませんか？

「自分はごく当たり前の人生を歩んでいない」と自分から気にして、ひとの人生をうらやんだり、自分の人生を否定することはないのです。私は今回の人生では別のミッション（使命）があって、こういう生き方をしているのだ。そう自信を持って、あなたの人生を歩んでください。

人間というものはどうしても、他人の人生がよく見えてしまうものです。しかし、他人の人生とくらべることに意味はありません。

あなたは、あなたにしか歩めない人生を歩んでいる。

そう思い始めたときから、人生は「円熟」へと向かうものなのです。

片付けがなかなか進まない

これを本当に必要としてくれるひとの元にお届けしよう

私はメイクアップアーティストなので、プロとして使う道具をきれいに整えて並べることや、ひとの顔をきれいにすることは得意です。でも、自分の部屋や自分の会社のデスクまわりをきれいに片付けるのは不得意です。そう、何を隠そう、私は「片付け」がとても苦手。「この辺、もう少し整理しませんか？」と社員たちに促されても、いつも笑ってごまかしてきました。そうやって笑い続けて幾星霜《いくせいそう》。いまに至るというわけです。

ただ、私の亡きあとに大量の「もの」が残されていても、家族や社員が困ることになります。そこで片付け嫌いの私も最近少しずつ、絶対に必要なものと、そうではないものとを家の中で選り分けるようになりました。

私が絶対に捨てられないもの。それは手帳と日記です。実は30代の頃から全部とってあるのです。これはやはり自分が「どう生きたか」「何を学んだか」を思い出すための資料ですから、捨てることはできません。いまの日常生活の中で読み返す時間があればいいのですが、まだ仕事をしていますから、ゆっくり読み返す時間は普段ありません。

「老後になってから振り返れば、いいか」

そう思うと、「いまはとりあえず、とっておこう」という気持ちになり、家の中にどんどんたまっていきます。相当、場所をとっているのはよくわかっています。しかし他人から見たらゴミみたいなものでも、本人にとってはとても大事なもの。そういうことって、ありますよね。だからこれだけは「私と一緒に生きていくもの」として、私の部屋の定位置にどんどん積み重ねています。

それ以外のもので、いま自分の生活の中でほとんど使っていないものは、ひとに差し上げたり、寄付に出させていただくようになりました。やはり絵画などは飾らずに家の倉庫にしまっておくよりも、ひとに見ていただいたほうが、絵画自体も嬉しいでしょう。**「場所をとっているものを処分する」と考えると、どこか面倒くさくて腰も重くなりますが、「これを本当に必要としてくれるひとの元にお届けする」と考えると、整理整頓欲が湧いてくるから、不思議です。**やはり「使っていないものを捨てる」と考えるより、「使っていないものを役に立てていただく」という発想のほうが、前向きな気持ちで片付けができるものです。

事情があって徹底的にものを少なくしないといけないときは、第三者の手を借りるのも、ひとつの方法だと思います。実は最近、私の兄夫婦が実家を処分して、高齢者施設に移りました。兄夫婦は昔、航空会社で働いていたので、家の中には世界中の食器や家具がありました。2人にとってはすべてが思い出の品ですから、なかなか処分ができません。でも入居する高齢者施設の部屋は、いままでの住まいよりもかなりコンパクトになりますから、持っていくものは厳選しなくてはなりません。

そんなときに一番活躍してくれたのは、姪です。普段は海外で仕事をしているのですが、帰国し、兄夫婦と話し合い、それぞれの趣味や「自分の世界」として大事にしているものをきちんとピックアップ。そしてそのあとに片付けの業者さんなどにも加わってもらって、ものの見事に実家をきれいにしたのです。

やはり、その家に住んでいる当事者だけだと「これもいるかもしれない」「これをとっておくなら、あれもとっておこう」と、「もの」への情が湧いてきて、なかなか効率的な片付けができないものです。そんなときには、普段そこに住んでいない家族や、あるいは片付けのプロの客観的な意見を聞いて行動するほうが〝無駄に悩む時間〟は減らせるのかもしれません。

親の介護をどうするか

自分ひとりでがんばらない

いまは一生働き続ける女性も多い時代です。「仕事があるので、実家の両親の様子をちょくちょく見に行けないのが不安で」。そうおっしゃる方々から相談を受けることが、最近多くなりました。皆さん、離れて暮らしていらっしゃる親御さんのことを、とても心配していらっしゃるのです。「携帯に電話しても、実家の固定電話に電話してもなかなかつながらないときは、もしかしたら家で倒れているのではないかとヒヤヒヤするんです」。そうお話しになる方はとても多いです。

どの方も本当はお父さんやお母さんに「もうそろそろ高齢者施設に入居したほうが安全じゃない？」「万が一、突然介護状態になったときのことを話し合っておいたほうがいいんじゃないかな」と切り出したいのです。でも、当の80代、90代の親御さんのほうは、自分はまだまだ元気と思っている。そうすると、なかなか「介護」に関する話は、子どものほうからは出しにくい。これは当然のことだと思います。

けれどいつまでも話し合いを先延ばしにしていると、いざというときに家族みんなが困ることになります。**私は親御さん世代には、ご自分のほうから「介護」に関する話を子どもさんにされることをおすすめします。** 自分が倒れることを前提とした話ですから、「そんなことは、まだまだ先」と思いたいのもわかりますが、何の準備もしないうちに介護が始まれば、自分のまわりのひとたちが当惑してしまうでしょう。のちに親子で大変な思いをしないためにも、介護については親と子で早めに話し合っておくことが大切です。

そして反対に子どもさん世代には、なんでも自分だけでがんばろうとしないで、親御さんのごきょうだい（つまり叔父さんや叔母さん）などの力を借りたりすることをご提案したいと思います。私の兄夫婦がいま高齢者施設で暮らしていることは、前の項でお話しさせていただきましたが、実は高齢者施設の見学などに誘い始めたのは私なのです。

兄夫婦の家は、50年以上前に建てられた瀟洒《しょうしゃ》な住まいでしたが、だんだん老朽化が進み、雨漏りなどもするようになっていました。兄夫婦も高齢ですから、建て直しをしたり、そのために一時引っ越しをしたり……ということは、もう難しいのではないかなと、私は考えていました。

「ねえ、皆が元気なうちに高齢者施設を見に行かない？
私自身が探しておきたいし、

もし入ることになるなら、自分が納得している高齢者施設がいいじゃない?」

そんな気持ちを私は兄夫婦に話し、私たち「高齢者チーム」はさまざまな高齢者施設の見学に出かけました。

そこに兄夫婦の子どもたち(つまり私の甥や姪)が一緒に参加することはありませんでした。が、これはかえってよかったかなと思っています。若い世代に「ここがいいんじゃない?」と言われれば、なんとなく〝推し進められている〟というような印象を親が持ってしまうこともあります。でも同世代の人間が「ここがいいんじゃない?」と言えば、あくまで〝同じ老人としての意見〟ですから、角も立ちにくいでしょう。

親と子の関係というものも、本当に各家庭によってさまざまです。「うちはどんなことでもざっくばらんに話し合う家だから大丈夫」というおうちでしたら、あまり悩むような話ではないかもしれませんが、もし「親に高齢者施設の話などしたら、『老いぼれ扱いするな!』と怒り出してしまうかも」と気に病むようなことがあるのでしたら、ごきょうだいで話し合って、家族会議として親御さんと話し合いをしてもいいでしょう。あるいはご親族に相談してみて、「万が一に備えて高齢者施設を見に行ってみようよ」と親族のほうから親御さんに声かけしてもらうのも、私は〝あり〟だと思っています。

「介護」に関する話は、どちらかが感情を爆発させれば、そこからまったく話し合いにはならなくなるものです。**親も子も、互いに相手への思いやりを忘れないこと。**これは親と子が「いい関係」を保つための基本です。

自分の存在意義ってなんだろう

あなたが、いなくちゃ

子どもが大学生くらいになると、親の役目は一挙に減ってくるものです。夕食はお友達と食べてくるから必要なし。子どもの学校に出向くような用事もなし。私は働きながら子育てをしてきた人間ですけれど、やはりなんだか急に自分が子どもに必要とされていないような気持ちになって、気が抜けたことがありました。

親が亡くなったときも、ガクンと力が抜けたときがありました。脳梗塞の後遺症がひどかった夫に先立たれたときも同じです。それまで毎日こころの中で「私ががんばらなければ」と張りつめていた糸がプツンと切れて、しばらくの間呆然《ぼうぜん》としていたことがあったなと、ときどき思い出すことがあります。

自分を取り巻く環境というものは、どんどん変わっていくものです。子どもはいつまでも子どもであるわけではありませんし、親や配偶者はいつまでも健康であるわけではない。**時間の経過と共に皆が自分の元を離れていく……と感じるときは、人生には必ずあるのです。**

そんなときに「私はいままで皆のために一生懸命生きてきたのに」「もう誰も私の存在なんて必要ないでしょう?」「私の人生ってなんだったの」という虚無感にかられる方もいらっしゃるかもしれませんね。「もう誰も私のことなんか必要としていないじゃない」「もう私なんて、どうせ何の役にも立たないわよ」と後ろ向きになる方もいらっしゃるかもしれません。

でも、そんなふうに考えるのはもったいないと思います。なぜなら、あなたには「あなたがいままで経験してきたこと」という立派なキャリアがあるからです。そのキャリアを資本にして、広く世の中に役立つ情報を発信したり、自分の経験から「こういうものがあったら便利なのに」と思ったものを世の中に生み出していくことは、いまの世の中ならいくらでもできるのですよ。

こうしたお話を講演会などでさせていただくと、「でも私はキャリアウーマンとして働いたことはないのです」「ずっと専業主婦だったので、そんな大それたことは考えることはできません」とおっしゃる方がいます。いえいえ、何をおっしゃいます。**専業主婦も「キャリアウーマン」です。決断力と行動力が備わった「主婦」というキャリアを磨いてきた、エキスパートではないですか。**

料理、洗濯、掃除、子育て、親の介護、地域のコミュニケーション等々、いままで経験を積んできたことをまとめて、「こんなときは、こうしたほうがいいですよ」というアドバイスをSNSで発信してもいいでしょう。若いママたちの子育てをサポートするサークルを立ち上げてもいいでしょう。自分ひとりではなく、長いつきあいのある仲間たちと一緒に新しい行動を起こしてもいいのです。

決して「やったことがないので……」なんて、尻込みしないこと。いまさまざまなジャンルで活躍しているプロの方々だって、初めは「やったことがない仕事」から始めているのですから。どうぞあなたの知恵と知識を、同じ時代を生きるひとたち、そして次の時代を担うひとたちに分けてあげてください。

ひとは皆、それぞれにキャリアを積んで生きているのです。何の役にも立たないキャリアなんて、ないのです。

あなたが、いなくちゃ。
あなたで、なくては。

私自身、いつもこの言葉で自分のこころを奮い立たせています。

第2章

「感情」をしずめる言葉

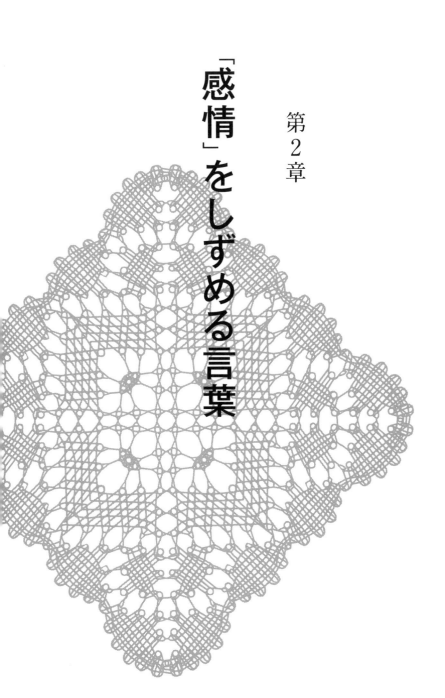

悪口を言ってしまいそうなとき

「感謝」以外、口にしない

家庭でも、職場でも、友達関係でも、「えっ」と思うことはたくさんあるものです。ブチ切れるところまでいかなくても、〝プチ切れ〟状態になることは、生きていれば誰だってあります。


「えっ、なんでもっと早く言ってくれなかったの？」

「えっ、私のミスにしようとしていない？」

「えっ、そんな言い方、失礼よ」

「えっ、なんでそんなに自分勝手なの」

「えっ、また自分の自慢話？」


他人の言動や行動に対してこころのさざ波が立ち、ついついひとの悪口を言いたくなってしまう。そして、がまんできずに言ってしまう。わかりますよ、皆さんの気持ち。私も若い頃は職場でプンプン怒りながら、「もう！」「もう！」「もう！」を繰り返していたことがありましたから。

でもいくつぐらいからでしょうか。やはり50代になってからですね。仕事があり、その仕事に手を貸してくださる方があり、日々会社に通えるだけの健康なからだがあり、普通の日常生活もあり。これは当たり前のようで、当たり前のことではないのだなと気付いたときから、私のこころの持ち方は変わりました。

仕事が忙しいのは、仕事があるということ。
仕事があるというのは、ありがたいこと。
関わってくれるひとがいるということは、ひとりではないということ。
ひとりではないということは、ありがたいこと。

そんなふうに一日をまず「感謝すること」から始めるようになったときから、私は何かに対して腹を立てるということがなくなったように思います。そして、私の人生は驚くほど〝いい巡り〟に入りました。悪いことがめったに起こらない人生に変わったのです。

「感謝すること」が身についてくると、万が一悪いことが起きたときでも、うろたえたり、他人のせいにして愚痴や悪口を言うなどといったことはしなくなります。

悪いことが起きたということも、ありがたいこと。
これは現時点で「何か」を私に学ばせるために起きたこと。

これはチャンス。
ものごとを、もっとよくするためのチャンス。

そんなふうに思えてくるのです。

悪いことが起きているときは、自分だけがその悪いことに直面しているわけではありません。自分以外にもつらい思いを抱えているひとがいるのです。にもかかわらずパニックを起こして大騒ぎをしたり、他人のせいにしてストレスを発散したりするのは、自分から人生の〝悪い巡り〟に入るようなものです。そんなことをすれば、あなたのまわりには、やはりあなたと同じようなひとが集まってきて、解決策を考えて前に進むよりも、愚痴と悪口大会で後ろばかり振り返るようになってしまいます。

口にするのは、感謝だけ。

これを徹底し始めると、ものごとをいつも俯瞰《ふかん》して眺められるようになり、ぐちゃぐちゃした気持ちやドロドロした気持ちが湧いてくること自体が少なくなります。これはきっと、こころが一段階強く成長するからなのでしょう。

こころのレベルを上げることは、決して難しいことではないのですよ。

仕事で理不尽な目にあったら

ひと呼吸、ふた呼吸

仕事をしていると、理不尽な目にあうこともあります。自分に非がなくても、頭を下げなくてはいけないこともありますし、真面目にがんばっていても、それがまったく評価されないこともあります。くやしい気持ち、悲しい気持ちが爆発しそうになることは、誰だって一度は経験したことがあるでしょう。

でも、気持ちが高ぶっているときこそ、ワンクッションおいてから発言することが大事です。昔、アメリカの大企業の人事専門家と話をしたことがありました。その方は女性ですが、400人、人員を削減した経験を持っていました。毎日何十人もの社員と会い、「こういう事情なので、あなたは解雇です」と説明すると、男性と女性では反応がまったく違うとおっしゃっていたことを私はよく覚えています。

男性の場合は、怒りも悲しみも全部抑えて、まず相手の話を全部聞く。そしてその場で結論は出さずにすぐに弁護士のところに行き、自分にとっていい条件を固めてから会社を辞めるひとが多かったそうです。

一方、女性の場合は解雇を告げられるとまず泣き叫ぶ。そして「私はこの会社をこんなに愛しているのに」「私はこんなに一生懸命がんばったのに」とわめき、自分の中の毒を全部出し切ってから涙ながらに「わかりました」と言うひとが多かったそうです。

「結論から言うと、女性のほうが解雇の作業はしやすかったですね。『解雇』と言われて感情をむき出しにし、泣き、叫び、それが何十分かはかかるのですけれど、それさえ聞いてあげれば、女性は納得して同意してくれますから」

同じ女性であるにもかかわらず、彼女は淡々とご自身の任務を遂行していらっしゃいました。

ずいぶん昔に聞いた話ですけれど、私はこれを聞いてとてもショックを受けました。男性でも感情的なひとはいるでしょうし、「女性」というだけでひとくくりにはできない話だとは思います。しかし、やはり感情のコントロールが下手な人間と見られることは、本当に損なのです。そして感情に支配されている状況で、大事なことは絶対に決めてはいけないのだということを、このときつくづく思いました。

仕事において「青天の霹靂《へきれき》」のようなことが起きたときこそ、平常心は大切にしなければなりません。何か発言をするなら、平常心を取り戻してから発言することです。

私はいつも深い呼吸を静かに繰り返して、感情をマネジメントするようにしています。

丹田（おへその下のあたり）に意識を集中して、ひと呼吸、ふた呼吸。そして起きたものごとに対して〝知的に振る舞う〟のです。

また、もし時間が許してくれるのであれば、最低でも24時間はあけてから答えを出すことをおすすめします。仕事においては、自分自身で冷静に考えて結論を出すことが、まず大事。自分の中で問答をして、起きたことがらに対して反省もし、このできごとは自分に何を教えてくれているのだろうと分析してから答えを出すことが一番重要なのです。この自分との問答の時間こそが必ず、自分の人生の次のステップへとつながっているのですから。

他人の評価が気になってしまう

どこかで誰かが必ず見ている

いま世の中には「承認欲求」があふれているように思います。

インスタグラム、Twitter、Facebook、YouTube。SNSで誰でも情報を発信できる時代ですから、いつでも皆に注目してほしい。ほめてほしい。そうじゃないと不安だという若い方々にお会いすることが結構多いです。

でも日常生活の中で毎日ほめられることを期待しても、そうそうそんなことはないものです。何事もなく仕事が進んでいくのは、当然と言えば当然のことです。そこでいちいち「誰も何も言ってくれなかった」「なんでほめてくれないのだろう」と考えるのは、ちょっと周囲に甘えすぎな感じもします。

けれど私にも覚えがあるのです。化粧品会社に就職して、23歳のときに山口県の販売店で毎日お客様にメイクをしていたときのことです。私はどんどん自分の技術を磨きたかったので、毎日何十人という女性にメイクをしていました。

時代は昭和30年代。まだ一般の女性たちが毎日普通にお化粧をする時代ではありません。そのため、私のメイクによって顔が変わったとお客様が喜んでくださることもあれば、「え〜っ、なんだか変じゃない?」「恥ずかしいわ。このお化粧」と、お客様がトイレでメイクを落としていらっしゃる……なんてこともありました。

落ち込んだなあ。自分が精一杯やったことが相手の方に受け入れられないことほど、悲しいことはありません。また時には、まったく無反応のお客様もいらっしゃいました。自分の仕事が相手の方にどう受け止めていただいたのかわからないのも、本当に心配になるものです。

しかしそこで「な〜んだ、皆が私のことをほめてくれないんだったら、や〜めた」と仕事を放り出していたら、何の技術も体得することはできません。

自分が「こうだ」と思い込んでいても、相手が喜んでくれないことがあるのであれば、では相手は何を求めているのか？　どういうものが「時代」にマッチしているのかを考えて、自分のやり方を変えていくことも大切です。私が〝ナチュラルメイク〟の先駆者になれたのは、その葛藤をいつも抱えていたからかもしれないと、いまになってみればそんなふうにも思えます。

ほめられなくても、
お礼など言われなくても、

仕事は自分自身の情熱を忘れずに、淡々と進めること。
これはどんな仕事においても、です。

自分は何もほめられないのに、他のひとが華やかな舞台で称賛されているのを見たりすると、もうがんばるのはやめようかなと気持ちがスネてしまうときもあります。

でも、見ているひとは必ずいます。
淡々と努力を積み重ね、
実力を身に着けていく人間を見逃さないひとは、
必ずあなたのまわりにいるのです。

そして大きなチャンスは突然巡ってきます。
そのときにそのチャンスをつかんで離さないためにあなたは努力を続けるべきなのです。

私自身、85歳までその繰り返しで生きてきました。

他人に評価されるのを目標にすることはないのです。「こういうものがあったら便利だな」「こういうシステムがあったら、ひとの役に立つかもしれない」「こういうものをつくりたいな」。まずは自分がどうしたいかという気持ちを明確に持って、そこに近づいていくこと。人生の展開は、そこから始まるものです。

配偶者や子どもに腹が立つ

夫婦は別人格
親子も別人格

長年連れ添った夫婦が離婚するのを「熟年離婚」というようです。いまは熟年離婚をするカップルも多いとか。私は50歳のときに「卒婚」しました。

それまでは夫と娘と3人暮らしでしたが、娘は海外留学に出発。そして私の勤め先も、都内で移転することになったので、私はその移転先の近くに住まいを移しました。でも夫が経営する会社は、それまで住んでいたマンションの近くにあるので、夫は住まいを変えないことに。私と夫は離婚はしませんでしたが、別々に暮らすことを選びました。そして、その後一緒に暮らすことは二度とありませんでした。

私たちは別居してからのほうが、なかよしでした。月に1回、2人で食事をして「じゃあね、お父さん。またね」と別れて、別々の家に戻って。そのくらいの距離感になってからのほうが、相手に対するムカムカ、イライラがお互いになくなったように思います。まあ、これはあくまでも私たち夫婦の話です。皆が皆、この方法で関係を改善できるなんてことは、ないかもしれません。

ただ、私は別々に暮らすようになってから反省したことがありました。夫と一緒に暮らしていたときは、やはり私の中には「結婚してもう長い間一緒に暮らしているのだから、夫は私が何かいちいち言わなくても、私の思う通りに行動してくれるはず」「朝から晩まで働く〝私の働き方〟や、家事には徹底的に手を抜く〝私の生活様式〟は容認してくれて当たり前」といった、身勝手な夫婦一体論がありました。だから夫が自分の目論見とは違う行動をとったり、娘の育て方を巡って私をとがめるようなことを言ってきたり……などということがあると、私もついカッとなって反論したりしていました。

でも夫婦といえども、もともとは他人なのです。

何年一緒に暮らそうと、夫と妻は別人格。それぞれに違う人間なのだから、価値観にズレがあったり思考法に違いがあっても、それはそれとして受け入れるべきなのです。同居していたとき、私にはその配慮が足らなかったなと、私はいまでも亡くなった夫に少しだけ申し訳なく思っています。

別人格というのは、親と子も同じです。

親というものはどうしても、子どもを自分の所有物のように意識してしまうときがあります。「こういう道を選んでくれたほうが、私も心配じゃないのに」「こういう学校に行ってくれたほうが格好いいのに」などと、ついつい子どもの人生に自分の思いをのせてしまうときがありますよね。

自分が有名大学を卒業しているのだから、子どもも同じような有名大学に行くのが当たり前。子どもが成績が悪いなんてあり得ない。子どもの努力が足りないのだろう。夫の、あるいは妻の「勉強の監督法」が悪いのだろう。

できの悪い子どもだなんて、恥ずかしくて他人に言えるものか。

「おまえのせいだ」

「いえ、あなたのせいです」

そんな夫婦喧嘩をした経験のあるご夫婦もいらっしゃることでしょう。

けれど、子どもにも子どもの人生があるのです。親が口をはさんで、子どもの人生をハンドリングしようとするのは大きな間違いです。

夫・妻・子ども。

一番身近な家族ゆえに、感情的になってしまうことも多いと思いますが、**「相手は別人格なのだ」ということを互いに受け入れたときこそ、お互いを人間として**

理解できるようになるものです。

家族に対する「思い入れ」と「思い込み」はまったく違うものです。

「思い込み」は家族にとって重荷にしかならないのです。

親に意見したいことがある

親の人生にも「浮き沈み」はある

自分の親に腹が立って、何か言いたくなるときもあるものです。それまでいつも明るくて頼りがいのあるお母さんだったのに、急に他人の悪口ばかりを言うようになったり。忘れっぽくなったり、その〝忘れてしまった〟ということをこちらのせいにしてきたり。


「お母さん、しっかりしてよ」

「なんで急にそんなに性格が変わったの？」

「いままでのお母さん像が台無しだよ」

「みっともないよ、お母さん」


母親のあまりの変貌ぶりに情けなさを感じたり、嫌悪感を抱いたりして、どう接したらよいかわからないというご相談をたまに受けることがあります。**でも、よく考えてみてください。どんな人間だって年をとるのです。**いつも明るくて元気なお母さんでも、更年期の年齢にはホルモンバランスが崩れ、怒りっぽくなったり、気持ちが沈みこんだりするときもあるのです。そしてもっと年をとれば、慢性的な膝の痛みや腰の痛みを抱えて、母親自身が自分にイライラしているときもあります。また何かを忘れて家族に怒られたりすれば、「もしかしたら自分は認知症の症状が出始めたのかもしれない」と、一番不安に思っているのです。

子どもは親の老いを目の当たりにしたとき、〝自分の親はこんな人間じゃなかった〟という思いを抱きがちですが、親もひとです。若いときは見栄もあって、子どもには立派なところや元気なところしか見せなかったかもしれません。が、年をとってからだもつらくなってくれば、格好よく振る舞いきれないところが出てきて当然なのです。

親であっても歳月と共に、ちょっとくたびれてくることもあるのです。そんなときには子どものほうで、親のこころを支えてあげることも大切です。

「何やってるのよ」

「いいかげんにしてよ」

親の失敗を叱ったり、罵倒するのではなく、

「どうしたの？　私にちゃんと話して」

「つまらないこと、気にしないようにしようよ」

そんなふうに声をかけてあげてください。

私は10歳のときに終戦を迎え、18歳まで養父と養母と一緒に山形で暮らしました。

養父は経営していた会社が東京大空襲で全焼して以来、まるで別人のようになってしまいました。それまでは「時代にくっついて生きていくんじゃなくて、時代をつくっていくんだ」と強いまなざしで語っていたひとが、「もう何もやる気が起こらないよ」と言って、仕事をしないで家にいる。養父は一度東京に戻ったこともありました。私たちが暮らしていた家も全焼してしまったのですが、その家の跡地を見に行ったのです。

養父は呆然として帰ってきました。

「何もなくなってたよ」

私は尋ねました。

「全部燃えちゃったの？」

「ああ、何もなくなってた。池袋のほうに行こうとしたら、たくさんの男たちが『ここは俺の土地だ』『いや、ここからは俺の土地だ』と怒鳴り合い、殴り合いをしていた。東京へ、嫌な気持ちになりに行ったようなものだな」

防空資材の会社を経営して、新聞のインタビューなども受けて、実業家として世間の評価も高かった養父が無精ひげだらけになって力なく話す姿を見て、私はやるせない気持ちになりました。

親の人生にも「浮き沈み」はあるのです。人間、いつも輝かしいときばかりではない。そう思ったら、私はいつも養父にこういうようになりました。

「お義父さん、大丈夫だから」

養父が亡くなるまで何百回言ったか覚えていませんが、私が「大丈夫よ」と声をかけるたびに、かすかに笑みを浮かべてくれたのを覚えています。

育ててもらった恩返しなどという、大げさな思いで何かをすることはないのです。ただ、自分よりも先に年老いていく親の立場や親の思いにちょっとだけ寄り添ってあげてほしいなと思います。

最近、疲れがたまっている

寝るときは三つの「くび」を温めて

私は85歳の現在まで、大きな病気はほとんどしたことがありません。そこでよく「いったいどんな健康法を実践しているのですか？」と聞かれることが多いのですが、特別な健康法など何もしたことがありません。唯一意識していることと言えば、姿勢をよくして、よく歩くということくらいでしょうか。あるお医者様に「それが結局、体幹の筋肉を鍛え、全身の血流をよくすることにつながっているのですよ」とほめられたので、最近ますます毎日の歩数は増えたように思います。

ただ、こんな私でもときどき疲れがたまってきて、気力がダウンするときがあります。集中力も落ちて、急いで目を通さないといけない書類に全然集中できなくなったり、書かないといけない原稿がまったく進まなくなったりすることもあるのです。気持ちはジリジリ焦っているのですが、なんだかものごとがうまく前に進まない。こういうときは一番危険。いままでの経験上、一番風邪をひきやすいのです。

私は風邪に関しては、その〝気配〟を感じた時点でシャットアウトするようにしています。寒気を感じたときにはとにかくからだを温めて、よく眠るようにしているのです。そして普段から、三つの「くび」を冷やさないよう心がけています。**三つの「くび」というのは、首・手首・足首です。**

寝るときに愛用しているのは、シルクのスカーフです。別に高価なものではありません。絹のやわらかいスカーフを首に巻くととてもあたたかく、冷たくなりがちな耳元も温めてくれるので、寝るときには欠かせないのです。そして手には手首までハンドクリームを塗ってから、コットンの手袋をします。足には、足先から膝くらいまでのレッグウォーマーです。年をとると、足の冷えは一番気になります。いままで電気毛布や湯たんぽなどいろいろ試してきましたが、私には、保温効果の高いふかふかしたレッグウォーマーで足を温めて寝るというのがピッタリきたので、続けています。

手や足はからだの末端。冷えれば血流が滞りがちな部分です。しっかり温めて、全身の血流をスムーズにしたいものです。

首、手首、足首を温めることによってからだの血の巡りがよくなると、すぐに眠りに落ちることができます。また寝ている間に〝冷え〟を感じることがないので、翌朝までぐっすり眠れます。しかもすっきり目覚めることができるので、いいこと尽くしです。

気力が落ちて、なんだか〝やる気〟になれないときは、この方法でじっくり眠ることです。

からだはすべての行動の基盤です。

しっかりケアをして、仕事にも日々の暮らしにも支障が出ないよう、調節していくことをおすすめします。

なんだか顔が老けてきた

鍛えられない筋肉はない

「自分の顔を鏡で見ると、がっかりしてしまうんです」

「こんなおばさんが自分なんだと思うと悲しくて」

私のメイクレッスンを受けに来る方々の多くが、最初に口にする言葉です。


おやおや。自分から〝おばさん〟と嘆いてどうするのです。

若い頃の自分とくらべたりするから「がっかり」なんて言葉が出てくるのです。

いまのあなたは、「いまのあなた」として輝く方法を見つければいい。

自分で自分を卑下することはないのです。


私も昔、自分の顔を見て愕然《がくぜん》としたことがありました。その頃まだ30代だったのですが、あまりに口角《こうかく》が下がって口元が「への字」になっていたことがあったので、〝こんな顔二度と見たくない〟と、自分で自分に怒りを感じました。自分の姿を客観的に見る目を養っていなかったという、自分の不手際に腹が立ったのです。そして私が始めたのが「挙筋《きょきん》トレーニング」です。

人間の皮膚は年齢と共にたるんできますし、顔の筋肉も使わなければどんどん硬くなってきます。だから年を重ねれば重ねるほど、口元は「への字」に見えるようになり、表情が乏しい〝不機嫌なひと〟に見えがち。これは男性も女性もです。

でも筋肉は、きちんと動かして鍛えれば、何歳からでも鍛えることができるのです。私はひたすら口角を上げるよう、「口角挙筋」を鍛えてきました。朝起きたとき、鏡の前で歯を見せて、「にっ」と笑う。これを何回か繰り返して、いつも表情豊かに、笑顔がつくれるようトレーニングを続けてきたのです。

最近はさまざまな「筋トレ」がブームと聞きますが、顔の筋肉もほったらかしにしないで鍛え続ければ、〝よく動く、いい仕事をしてくれる筋肉〟になりますよ。私の「挙筋トレーニング」はいつでもどこでもできるトレーニングですので、ぜひ多くの方に実践していただけたらと思います。

顔の劣化が気になるときというのは、こころのどこかが「自信」をなくしているときでもあるのです。

でもそこで、

「昔は私、きれいだったの」

「いまの私は、私じゃない」

と「昔」礼賛して、「昔」にしがみついたところで、いまのあなたの魅力を伸ばすことはできません。ひとが年をとっていくのは、自然なこと。その「自然」を受け入れながら、いまある自分の皮膚や筋肉のお手入れをしていくことのほうが、よほど大事です。


そして私は思うのです。


自分の顔が変わっていくのも「劣化」ではなく「進化」だと思えばいいと。

シワが増えていくのなら、そのシワさえも〝大人の女〟の笑顔の武器にしてしまえばいいと。

人間は「ははは っ」と笑って、痛快に生きたほうが、心地いいに決まっているではないですか。

上司にストレスを感じている

歩み寄る気持ちを忘れずに

会社員をしていると、反りの合わないひとが上司になることもあります。まったく話が合わない。まったくセンスも合わない。もう、どうしたものかと頭を悩ませてしまった経験を持っていらっしゃる方も多いことでしょう。

会社員時代の話です。30代になり、私は化粧品のマーケティングや宣伝をする部署で働くようになりました。人事異動で私の上司になった方は営業部から宣伝部に移ってきた方でした。

その方は、メイクアップアーティストでもあり、新製品の開発にも口を出す私が大嫌い。化粧品は一生懸命営業をして売るものだ。化粧品会社に〝化粧品の専門家〟などいなくても商品は売れるのだという考えの持ち主ですから、私が会議で何か発言すれば、

「生意気な女だな」

の一点張りでした。

でも私は私で、使い心地のいい新製品をヒット商品にしたい一心ですから、黙って負けているわけにもいきません。だから会議で自分の意見は言う。しかし周囲から見て、**表立って上司と対立しているように見えるのは、損以外の何ものにもなりま**

せん。自分にタテつくのなら、おまえの企画など一切通さないぞという気持ちになるのが人情というものだからです。

反りの合わない上司でも、その方の発言をダイレクトに否定したり、その方に恥をかかせるような発言はしないほうがいいでしょう。こちらの意見は、さんざんけなされることもあります。**でもそんなときは「正しいのは、きっと私」とおなかの中で思っておけばいいのです。**

そして本当にこちらが正しければ、「こちらのほうが正しかったのだ」ということが証明されるときが必ず来ます。だから少しの間グッと言葉を飲み込んで、自分の信念は曲げずに状況を観察していくことが大切なのです。

いまから思うと、その上司の方には笑ってしまうほど気を使っていたことがあったなと思います。その方は「清水（きよみず）の舞台から飛び降りる」という言葉を「しみずの舞台から飛び降りる」と勘違いして覚えていらっしゃいました。そこでその方がスピーチをする予定になっているイベントの前になんとか気付かせてあげなければと、私たち部下は職場で何度も、

「今度しみずの舞台から飛び降りたつもりで、高いバッグを買おうと思うの」

「それ、きよみずの舞台から飛び降りる、でしょ」

「あ、そうかあ」

「そうよお」

といった芝居を上司に聞こえるように大声でしたりして……。もう、マンガのようでおかしな話ですけれど、本当のことです。


でもその後、私が企画した商品が大ヒットしてからは、その方は社内で心強い味方になってくださいました。

たとえ反りが合わない方でも、
自分の人生に関わってくださった方なのです。
やはりその方の気持ちをむやみに傷つけたり、
丁寧さを欠いた態度はどんなときでも
とらないほうがいい。
もう大昔の話ですけれど、私にとっては大事な教訓です。

後輩に注意しなければならないとき

「長所」から言ってあげよう

フルタイム、パートタイム、アルバイトに関係なく、長く同じ場所で働き続けていると、どんどん後輩は増えるものです。そしてその後輩たちを束ねる役割に、自分がいつのまにかなっていることもあります。

「後輩」といっても本当にさまざまなひとがいるもの。同じことを何回言っても覚えないひと。いつも言い訳の多いひと。なんとかしてラクをしようとするひと。気にしないでいいことをいつまでも気にして、仕事がまったく前に進まないひと。実にいろいろです。イライラすることもあるでしょう、

しかしひとに注意をするということは、難しいことです。こちらが感情的になってはいけませんし、相手を傷つけるような言い方をしてもいけない。

私はよく管理職のひとたちに、

後輩や部下に何か言うときは、まずは「長所」から言ってあげること。

あなたはこんなところが素晴らしいのよ。

こんなところもあなたの素晴らしいところだと思う。

だからこういうところを改善すれば、もっと素晴らしいと思うわ、

という言い方をしてあげてください。

とお伝えしています。長所を見つける目を持てば、どんなひとにも必ず長所はあるからです。

ちゃんと相手の「いい点」をピックアップした上で注意点も伝えれば、相手も〝アドバイス〟として受け入れやすいでしょう。ひとの上に立って何かするときは、「ひとの動かし方」にきちんと思いやりを持つことが大切なのです。思いやりを持ってひとを見れば、いいところはたくさん見つかるはずです。

また、人数の多いチームを統括するときも、それぞれのひとたちの長所を引き出すことから始めることです。人間の個性なんてバラバラですから、その個性を束ねることは、時としてとても大変な作業になることもあります。でも「あなたはこういうことが得意だね」「あなたはこれが上手」と、いいところから伸ばすようにして〝ひとつの調和〟に向かわせれば、チームとしてとてもクオリティの高い仕事を成し遂げることもできるのです。

指摘してあげるのは、長所から。
伸ばしてあげるのも、長所から。
ひとを育てるときに、大切なことだと思っています。

怒りがたまってきたら

こころは一日の終わりに
ゼロにリセット

意地悪をされたり、嫌味を言われたりすると、それがこころの中にたまってしまうことがあります。でもそこで「仕返しをしてやろう」と考えることは、私は一番時間の無駄になることだと考えています。なぜならそこで恨みをはらすためにエネルギーを燃やしていても、自分の人生自体は全然前に進まないからです。

「リベンジ（復讐）してやる」という言葉を口にするのは、やめたほうがいいと思います。もちろん仕事などで、ライバル会社に差をつけられたり、後輩に追い抜かれたり……などというときには、こころの中で「リベンジ」と思っていいでしょう。大いに思ってください。必ず見返してやると思ってください。「仕返し」ではなくて、です。

ただそれは、自分の中に秘めておけばいい言葉です。それを口に出して「絶対リベンジしてやる」などと言うのは、ちょっと軽々しい気がします。

年齢と共に、ひとはどうしても感情のコントロールがきかなくなりがちですが、〝やられたら、やり返す〟とか、〝倍返し〟みたいなことを考え始めると、日々の暮らしが怒りのエネルギーでいっぱいになってしまいます。

怒りのエネルギーがたまってきたときは、頭頂部のくぼみにある百会《ひゃくえ》のツボを刺激して、こころをしずめることです。東洋医学において、百会のツボはからだ中のエネルギーの流れを調整する場所と言われています。両耳の頂点の延長線と眉間の中心の延長線が頭上で交わるところにありますから、左右どちらかの親指の第一関節を軸にして、真下に向かってグーッと指圧してみましょう。

リラクゼーション効果も高いツボと言われていますから、夜眠る前に指圧するのがいいかもしれませんね。目を閉じて、ゆっくり深呼吸しながら百会のツボを押します。そのとき、怒りのエネルギーがからだの外に押し出されていくのをイメージするといいと思います。

〝マイナスな気持ち〟は、次の日まで持ち越さないことです。人間ですから落ち込んだり、怒りを感じたりすることは当たり前のことですが、その気持ちをリセットしないで自分の中にためこんでいくと、からだにマイナスのオーラが染みつくだけです。

こころは一日の終わりにゼロにリセット。

毎日、

すぐに忘れられるようなことばかりではないけれど、

すぐに割り切れるようなことばかりでもないけれど、

こころの目盛りがマイナスに傾いているまま眠りにつくことがないようにしましょう。

百会のツボを押しながら、こころの目盛りが「ゼロ」に戻る光景をイメージしてください。そしてきっちり眠ってから、新しい一日を始めましょう。

愚痴を聞かされたとき

私は「気持ち」のまとめ役

「うちの嫁にこの間、こんなことを言われたの」

「私の夫、定年退職してからも、ほとんど家事を手伝ってくれなくて」

「私の父、最近急に怒りっぽくなって、まともに話ができないわ」

「母にわざわざ煮物を届けに行ったのに、こんなにいらないって返されたの。そんな話ってあるかしら」


同窓会や、親しい友人同士の食事会などで、こうした愚痴が飛び交うことは結構ありますよね。愚痴というものはなるべくお互いに言い合わないようにしたほうがいいと思いますが、年を重ねれば重ねるほど、ひとは往々にしてさまざまな状況を抱えて生きているものです。思い描く通りの老後生活にはならなかったご家庭、実はトラブル続きのご家庭。本当にいろいろあるのです。**だからふと、友達などの口から愚痴めいた言葉が出てきたときは、受け止めてあげることも大事だと私は思っています。**

決して相手の愚痴に便乗することはないのです。相手が話題に出してきた人物を一緒になって「それはひどいわね」と非難することもありませんし、「実は私もこんなことで頭に来ているのよ」と、感情的な〝愚痴返し〟をすることもありません。

そもそも愚痴というものは、相手は別に解決策を求めて話をしているのではないのです。相手はただ、話を聞いてほしい。自分の中に抱えたストレスや、ぐちゃぐちゃしたこころを誰かにわかってほしい。そういう気持ちから出てきているものなのですから、一番いいのは〝話を聞いて、まとめてあげること〟です。

相手は、たくさんの感情が入り混じって、問題の論点が何かわからなくなっていることもあります。だからこちらはまず、相手の話をじっくり聞いてあげるのです。そして、

まとめて三行程度にして、相手に戻すこと。

「あなたはいままで家のことを全部がんばってきたから、定年後はご主人にもこういうことを望んでいたのね」

「あなたはお母さんのことをこんなふうに心配していたから、お母さんにはこういうふうに言ってほしかったのよね」

そんなふうに相手の気持ちをきちんと要約して、相手に伝えてあげるのです。第三者であるこちらが話を要約すると、実はぐちゃぐちゃに見えた話がとてもシンプルになって、何が問題だったか？　何がもめる原因だったか？　といったことが一気に見えてくることもあります。

一行の文字数は、ひとそれぞれです。私はだいたいいつも一行40文字くらいと思って、相手の話を要約します。

ひとの愚痴を聞くなどということは、面倒くさいことのように思うかもしれません。でも私はこれも、親しいひとに対する思いやりのひとつなのではないかと思っています。

何もかも嫌になってしまった

生まれてきたこと自体が奇跡
そのことを思い出そう

予期せぬことの連続。それが人生です。押し寄せてきた波に上手に乗っていけるときもあるでしょう。しかし、波に押しつぶされそうになるときも、必ずあるはずです。

「なんで自分がこんな目に」
「もう、自分の人生が嫌だ」
「勝ち組に入っていない、自分が嫌だ」

よくないことに出くわしたとき、そんなふうに思う方もいらっしゃるかもしれません。でも、まだそんなに長く生きていらっしゃらないうちに「自分の人生」を嘆くのは、早すぎます。40代の方でも、50代の方でも、私にとっては〝お若い方〟。私からすれば、まだこれから未来の築きようがいくらでもある方です。

よくないことに出くわしたときこそ、他人の人生と自分の人生をくらべないことです。狭いスケールでものを見ているから、偏った価値観で人生の優劣などを考えてしまうのです。あなたは、他の誰の人生とも変えられない「あなたの人生」をデザインしていけばいいのです。

途中で躓《つまず》いたら、方向転換すればいい。
そしてそれを誰かが笑うのであれば、
勝手に笑わせておけばいい。
あなたはただ、
自分が信じる道を、自分が信じる方法で
歩み続けていけばいいのです。

私たちはそもそも、この世に生まれてきたこと自体が奇跡なのです。
そして今日、普通に生きていることも奇跡。
明日も普通に目覚めることができたなら、それも奇跡。
私たちは、奇跡の連続の中で生きているのです。

だからこそ、自分から自分の人生を嫌になってほしくないなと思います。

奇跡によって与えられた「いのち」は、精一杯生きて、まっとうしなければ。
私が最近思うのは、そんなことです。

第3章

「生き方」を深化させる言葉

死について考える

みんな、みんな、ありがとう

私は、自分の家に「ホトケコーナー」というスペースをつくっています。15年前に亡くなった夫の写真、亡くなった愛猫たちの写真、そして先に向こうに逝ってしまった仕事仲間の写真などをたくさん飾ってあり、私はそこにいつもお供えものをしています。そして朝、仕事に出かけるときは「ホトケコーナー」で手を合わせます。

「今日も働いてきます。みんな、見守っていてちょうだいね」

夫が亡くなった頃から、私も自分の「死」について考えるようになりました。

私は確かに丈夫なからだを持って生まれてきた人間ですし、いまもすこぶる元気ですが、なにぶん85歳という年齢です。朝「行ってきます」と元気に家を出たからといって、出先で突然倒れてそのまま……ということだって、あり得ない話ではないのです。

それは毎日覚悟しています。

夜眠る前も、小さな覚悟はしているのです。もしかしたら、このまま目覚めないこともあるかもしれない。80代の私の友人たちはどんどん亡くなっていますし、昨日まで元気だったのに、朝になったら亡くなっていたという知り合いもいっぱいいますもの。**眠りについて、朝パッと目が覚めると「ああ、今日も私、ちゃんと目が覚めたわ。ありがたい」といつも思います。**

不思議なことに私は「死」が怖いと思ったことはないのです。向こうの世界では我が家の「ホトケコーナー」の仲間たちが待っているという、半ば確信めいたものが私の中にあるからでしょうね。

最近、昔の仕事仲間のことをふと、思い出しました。その方は、広告の世界で大きな活躍をされた方。絵画や美術品を集めるのが趣味で、高価なコレクションを持っているひととして有名でした。しかしその高価なコレクションが仇《あだ》となり、いろいろなひとに借金をし、結局自分の会社を潰してしまったのです。そしてそれと前後して、その方はからだ中ががんに侵されていることがわかりました。病院で「もうどうしようもない」というむごい診断を受けたそうです。

するとその方は、自分の高価なコレクションを全部手放していきました。かつてお金を貸してくれたひとたちに「まずは、これで」とお返しを始めたのです。皆にいろいろ迷惑をかけて申し訳なかったという思いにいつも苦しんでいたのでしょう。私もその方から銀の長いネックレスをいただきました。「本当にごめんなさい」という言葉と共に。

そしてご自分が執着して手放さずにいたものをすべて手放し終わった半年後、その方のいのちの炎は消えたのです。

私がその方に最後に会ったのは、亡くなる数日前。病院にお見舞いに行ったとき、その方はベッドの上で絵を描いていました。絵画収集が好きなだけでなく、自分自身でも絵を描くことを得意としていたのです。

「病院の消灯時間後も、点描だったら進めていけるからね」

そんなことを言いながら、仕上げた点描画を私や、他の仕事仲間たちにくれました。

「手放すものはもう何もなくなった。あとは自分ができることを最後に、皆にしておきたいんだ」

痩せてからだがとても小さくなられていましたけれど、強い瞳でそうおっしゃっていました。

その方が亡くなったとき、部屋には誰もいなかったそうです。ただ、部屋から大きな声が聞こえて、看護師さんがびっくりして駆けつけたら、すでに息を引き取っていたそうです。

その方の最後の言葉は、「ありがとう!」です。
大きな声で「ありがとう!」と言って亡くなられたのです。

私はその話を聞いて、涙が止まらなくなりました。やっぱり最後は、周囲にこころからの「ありがとう」を伝えられなければいけないなと、私はそのときから思うようになりました。

ひとのいのちはいつ終わるかわからないものです。私は最近、感謝の言葉を綴った手紙を枕の下に準備するようにしようかと、考えています。

私が周囲のひとたちに最後に伝えたい言葉は、
「みんな、みんな、ありがとう」です。
いままで私に力を貸してくれてありがとう。
私ひとりでは、何もできなかったわ。

本当に、ありがとう。
「みんな、みんな、ありがとう」
そう、みんなに伝えたい。

そんなふうにこころにイメージするようになると、

いつ死んでも悔いのない生き方をしていこう。
いつでも「ありがとう」と言って死ねる生き方をしていこう。

という気持ちのネジも、キュッと締まってくるのです。

自分の亡きあとのことも、ときどき考えます。
「この人は本当によく生きたねえ」と皆が笑顔でにぎやかに見送ってくれたら、
それに越したことはありません。

パートナーを失ったとき

ひとりで立派に生きてるよ

自分のパートナーに先立たれたあとは、そうそうすぐには気持ちの切り替えがきかないものです。長年連れ添った夫婦であれば、なおのこと。特別な会話を交わすわけではないけれど、自分が何か言ったら「そうか」「ほう」「へえ」と相槌を打ってくれた相手がいなくなったさびしさに耐えられないと、70代の女性たちから相談を受けることが多いです。

私もちょうど70歳のときに夫を失いました。脳梗塞の後遺症がひどく、施設に入所していたので、私は仕事をしながらその施設に通っていました。ただ私の夫は、私が施設を出たあとに容態が急変したので、私は夫の最期を看取ることができませんでした。50歳のときから別々に暮らしていた夫ですけれど、毎月食事をし、他人には相談できないことも相談してきた大事なパートナーです。

「もう電話しても、出ないんだ」

そう思ったときが、一番つらかったです。この世にはもう存在しないという事実を受け入れるしかないのだ、とわかった瞬間だったからです。

でも自分の家の「ホトケコーナー」に夫の写真を飾り、毎日夫に話しかけることを習慣にするようになってから、だいぶこころの痛みがやわらいだように思います。こちらのことが心配で、向こうでゆっくりできないのでは夫が気の毒です。私は仕事から帰ってきたときはいつも夫に一日の簡単な報告と、この言葉を伝えるようになりました。

お父さん、私はひとりで立派に生きてるよ。

くよくよしているときも、ありますよ。でも「立派に生きてるよ」と伝えたからには、くよくよも、なよなよもしていられないではないですか。先に言ったもの勝ち。自分の気持ちが落ち込みがちなときでも、〝盛って〟伝えて、気持ちを上げていくのです。「ま～たカッコつけちゃって」と、たぶん夫は笑っているでしょうけれど。

パートナーを失ったあとは、時間を持て余してしまうという方も多いと思います。そんなときは、自分が昔得意だったことに目を向けてみるといいと思います。好きだったこと、得意だったこと、なんでもいいのです。「日本史の年号を覚えるのが得意」「歴史の本を読むのが好き」等々。子どものときに夢中になってやったことを思い出して、その世界をもう一度自分の世界として広げていくと、悲しみから離れていくきっかけになることもあります。

また、自分が長年やってみたかったけれど、やったことがなかったということを思い切って始めてみることもおすすめします。私が彫刻を始めたのは、夫が亡くなってから5年後のことです。黙って5時間、集中して木を彫り続けるのですが、この時間を定期的に持つようになってから、私は改めて「生きがい」を持つ大切さを痛感しています。

新しい一歩を踏み出すのは、少しずつでかまわないのですよ。

いまの人生に疑問を感じたら

これは私が選んだ道

活躍しているひとを見て、「彼女は運に恵まれているひとだから」「彼はひとに媚《こ》びるのが上手な男だから」と、嫉妬の裏返しを口にするひとがいます。いまの自分に満足していない気持ちが、どうしても表に出てきてしまうのでしょうね。

でもそういった気持ちは、あまり他人にぶつけないほうがいいと思います。はたから見たら何の苦労もないラッキーなひとに見えても、ただのラッキーでどこまでも進んでいけるひとはいないからです。

実はちょっぴり嫌な思い出があります。これももう大昔の話ですけれど、会社員時代に会社のOGの女性たちとお会いすると、

「あなたは私と違って子どもを産んでも会社に居座ったから、部長になれたのよ」

「やっぱり長く居座れば、偉くなれるものだわね」

「私は夫に言われて、結婚を機に会社を辞めちゃったからね」

と、よく言われたのです。

あなたは会社に長く居座ったから、部長!?

え〜っ、ひとってそんなふうに思うんだ。

私はそのとき、ちょっととまどってしまったのを覚えています。私の努力など完全に無視されているということにもびっくりしましたが、「私だって結婚や出産を機に辞めなかったら、全然違う人生だったのよ」というニュアンスにびっくりしてしまったのです。

自分の人生の進路を決めるのは、最終的には自分自身だと私は思っています。だから会社を辞めるというのも、ご自身の決断であったはずです。でもそれが夫のせいであったり、子どもを産んだせいになっているのは、どこかご自身の人生選択に「後悔」があるのかなと、私は感じました。

自分が歩んできた道というものは
誰かが選んでくれたわけではありません。
そのときそこに〝納得する自分〟があって
その道を歩んできたはずです。

いまになって悔いたり、

いまになって「もしあのとき、こっちを選ばなかったら」と
あれこれ考えたりするよりも、
自分が選んだ人生を愛するほうが、私は素敵だと思います。

仕事と育児の両立を選んだ私の人生にも、いろいろなことがありました。
泣きたくなること、みっともないこともいろいろありました。

でも、これは私が選んだ道。

私はそう、いつもこころの中で繰り返しています。

自分の待遇が不満

私たちは、ひとつの船で航海している

いくつになっても、自分の思い通りにならないことはいろいろあるものです。家族関係でも思い通りにならないことはたくさんあります。会社関係でしたら、思い通りにならないことはもっといろいろあるでしょう。

人事異動で、自分では思いもよらないような部署に配属されたり、自分より年下のひとが自分の上司になったり。そんなとき、なんてつまらない人生なんだ、なんて理不尽な人生なんだと思うこともあるでしょう。

でも私は、こう思うのです。

会社は、「会社」というひとつの大きな船で航海している。

この船が安全に海を航海していくためには、
多くの人間たちが、
それぞれの役割を自覚し、
それぞれの役割を滞りなく果たすことが大切だ。
もし船の上で、役割を放棄する人間が出れば、
船は傾き、

時には沈没のもとになることもある。
ひとりひとりの力があって、
船は無事に港にたどり着く。
そのことを忘れてはならない。

会社に、どうでもいい部署など、ないのです。そもそも、どうでもいい部署なら最初から存在しないのです。どうでもいい、意味のない仕事などあり得ないのですよ。

もしいまあなたが、自分の思い通りではない仕事に対して何か思っていらっしゃるのなら、どうぞそのことに気付いていただきたいと思います。私もかつて、考え方の違う上司の元で悶々《もんもん》とした時期がありました。でも「不本意だ」と思うときこそ、自分の目の前の仕事は手を抜かずに仕上げることです。

今日も自分の力があって、船は無事に前に進んでいる。

そのことをアピールするほうが、あなたの人生にプラスになるでしょう。好きな仕事しか一生懸命やらないというひとは、結局、船の中で広く信頼を勝ち取るということはできません。

これは30年以上会社勤めをした経験がある私からの、メッセージです。

定年後、何をやればいい？

これから磨いていくのは「個人力」

いまは、会社を定年退職してからも長い人生です。それまで勤めていた会社のシニア社員として働く方もいらっしゃるでしょうし、ご自分で起業される方もいらっしゃるでしょう。趣味をきわめる道を選ぶ方、お子さんやお孫さんのサポートに回られる方。定年後の生き方は本当にさまざまだと思います。

定年後に一番大切なのは、私は「個人力」ではないかと思います。それまでは、会社という大きな組織に所属し、その組織の名刺を持って生きてきた人生です。「こういう組織の中でこういう肩書なんです、私は」と言えば、その組織の名の元にたくさんのひとが集まってくれたと思います。

しかし会社を定年退職したあとは、組織の名前も、組織での肩書もはずれるのです。**この先の人生で問われるのは、個人としての魅力です。**

たくさんの知識や経験を持っているのに、ひけらかさない。
大きな企業出身なのに、そんな話はひとことも出さない。
いつも「いま」に目が向いている。
いつも新しいことをしようという、クリエイティブ精神にあふれている。

私のまわりで定年後もいきいきと楽しく生きているひとたちは、皆この条件に当てはまります。会社の肩書がはずれるのを、怖れる方も多いと思います。でもいつまでも過去に所属した会社の話や過去の自慢話をされても、それを聞かされる側は困ってしまうでしょう。

私たちが長い人生を生きていく上で目を向けないといけないのは、いつでも「いま」であり、「未来」であるべきです。長年所属していた組織を離れてみると、「あっ」と気付くことはたくさんあります。私自身は56歳で会社を辞めましたが、そのとき最初に思ったことは、

「うわっ、世の中って広かったんだなあ」

ということです。

ひとつの組織で肩書を持ち、部下もたくさんいて……などという経験をすると、自

分という人間が「偉い」と勘違いしてしまうこともあります。でも会社から一歩外に出てみれば、そんなものが通用しない、そしてそんなものが何の意味も持たない世界がいっぱいあるのです。

「自分なんて、まだまだ」そこに気付いたところから、もう一度、自分磨きが始まるのかもしれません。

「自分はまだまだ、未完成」楽しいことではないですか。

生き方を軌道修正したい

いまは「使命」を見つめ直す時間

「一回、自分の人生をリセットしたい」。そう思って、考える時間を持つことも私は大切なことだと思っています。皆が皆、いつもフルスピードで走れるわけではないのです。立ち止まりながら、考え、進路を決める。そして進んだ道がちょっと違うのかなと思ったときは、またそこで立ち止まって考え、軌道修正をする。自分にとって一番心地いい「生き方リズム」は、自分にしかわからないものです。傷ついた動物が傷が癒えるまでは穴倉でじっとしているように、時には〝じっとしている時期〟があってもいいと思います。

でもそこでひとつだけ思い出してほしいことがあります。それは、どんな人間にも「使命」があるということです。自分は何をするために生まれてきた人間なのか。それは、自分がそれまで歩んできた道を振り返ってみると、だんだん見えてきます。自分の記憶の原点まで、1回さかのぼってみてください。そして思い出してみてください。

いままで何をしたときに一番嬉しかったですか？
いままで何をしたときに一番誇らしかったですか？

いままで何をしたときに一番「生きがい」を感じましたか？

この問いに対して、自分の答えを出してみましょう。そうすると、自分自身が本当にやるべきことが少しずつ見えてきます。そしてその「やるべきこと」が見えてきたときに人生の舵を切り返し、また前に進み始めればいいのです。

実は、自分が一番「生きがい」を感じることが、それまで自分が携わってきた仕事とは全然違うことであることもあります。「これは昔好きだったことであって、すっかり忘れていたことだな」と思うようなことが〝一番嬉しかったこと〟としてあがってくることもあります。**日々の暮らしに流されて生きていると、人間は忘れてしまっていることもいっぱいあるのです。**

そういったものを一度きちんと思い出してみて、自分がこころから「好き」と思えることを自分の仕事にして、その成果を世の中にお返しする。私はそういう考え方も大切だと思っています。

生き急ぐことはないのです。

周囲に振り回されることもないのです。
時にはじっくり考えて、
自分自身の「使命」を深く掘り下げてみてください。
「使命」が明確になってきたところから、再スタート。
再スタートを切ったところから、
また歩み始めればいい。

自分の「生き方リズム」を大事にしてください。

つい、「安い仕事」を引き受けてしまう

〝お金をいただくのにふさわしいプロ〟であれ

美容のプロを育成するスクールを経営している私には、いつも学生たちに言っていることがあります。

「働く」ということは、自分の価値をお金に換えるということなのよ。

自分自身に確かなスキル（技能）があり、そのスキルがひとさまからお金をいただけるレベルのものであるのなら、初めから〝お金をいただく〟仕事として、ひとに提供すべきです。

しかし日本人はお金の話を敬遠しがちです。たとえビジネスの場でも、細かいお金の話をするのはいやらしいと思い込んでいるひとが、まだまだ多いと思います。そこでお金のことを言うのはいやらしいから、

「いいんです。これはボランティア」

「私はお金じゃないんです」

「お金はいりませんので」

と、「ボランティア」を口にし続けることはないのです。

全部ボランティアでやってくれる〝全ボラのひと〟、「お金は半分でいいですよ」と言ってくれる〝半ボラのひと〟として、あなたはまわりから重宝されるかもしれません。

でもあなたが「私はお金なんかいいんです」と言っている傍《かたわ》らで、同じ仕事をしている別の方がきちんとお金をもらっていたら、あなたはどんな気持ちになりますか？

「私は謙虚にタダでやっているのに」

と、嫌な気持ちになるだけでしょう。そしてあとから「やっぱりお金はきちんと払ってください」とは、それこそ言いにくいですよね。

「お金の話は苦手ですから」

「金額の交渉をするのなんて、はしたないですから」

などと、躊躇《ちゅうちょ》していたらいけないのです。

あなたが〝プロのスキル〟を持っているひとであるならば、そのスキルにはきちんと値段をつけないと。

1回でも「交通費とお弁当が出るならいいですよ」みたいなことを言えば、

「次からは仕事のお金もいただきます」と言っても、
「えっ、前は交通費とお弁当だけで喜んでやってくれたじゃない」
と言われることになるだけです。

そんな、交通費とお弁当をもらって喜んでいるような〝中途半端なプロ〟になってはいけないのです。

自分のスキルを生かして仕事を始めるのであれば、それ相応の金額を頂戴する〝お金をいただくのにふさわしいプロ〟として、仕事をするべきです。

そのためには自分の知識、技術を更新し続けること。「ああ、このひとに頼んでよかった」と相手の方々に思っていただけるような〝いい仕事〟を残していくことです。
これはどんなジャンルの仕事にも言えることだと思います。

日々、やることに追われている

ま、いいか

日々の暮らしの中でやらなければならないことは、本当にたくさんありますよね。

「銀行に行かなくちゃ」

「○時までに車で家族を病院に連れて行かなくちゃ」

「買い物に行かなくちゃ」

「LINEの返事しなきゃ」

「知り合いのインスタに『いいね！』しなきゃ」

「知り合いのブログにコメント書かなきゃ」

もう、朝から〝しなきゃ〟の嵐で、こころが疲れてしまうときもあるでしょう。〝しなきゃ〟の嵐が気持ちのハリになっているときはいいと思います。でもあまりに〝しなきゃ〟の嵐に追われて気持ちがパニックになりそうなときは、一度目を閉じて、こう思うことです。


ま、いいか。

おかしな言い方かもしれませんが、どうぞ、**うっかり、がんばり過ぎないで。**

まじめな性格のひとは、自分がまじめでがんばりやであることに気付いていないことが多いのです。だからついつい、うっかりがんばり過ぎてしまうのです。でも毎日をがんばり過ぎれば、とても早い時点で暮らしのすべてに息切れを感じてしまうはず。

後回しにできることは、後回しにしてもいいのですよ。

私も毎日、仕事やプライベートでLINEやメールやメッセンジャーでご連絡をいただくので、そのお返事をさせていただくだけでも結構時間がかかります。いまは特殊詐欺のメールやメッセージが送られてくることもありますから、その選り分けをするのも大変です。その前後に食事会、新製品の打合せなどさまざまな用事が入っているので、だんだん時間に追われているような気持ちになることもあります。さらにFacebookやインスタグラムに自分の仕事情報をアップしなければ……などと考え始めると、私だって頭の中はこんがらがります。

「即、やらなければならないこと」に関しては、即やるべきです。

でも多少のお時間をいただけるものは、「その日のうちにやること」を目標にしてもいいのではないですか？

私は自分の仕事情報などをＳＮＳに投稿するのは「深夜の仕事」というように、自分の時間割を決めています。ときどき「その日のうち」ではなくて、「夜中の２時、３時」の仕事になっていることもありますが。

「おいしい話」に乗る前に

苦労なくして得られる果実はない

いつの時代も、高齢者を狙った詐欺は多いものですね。ひとり暮らしであったりすると、さみしい気持ちにつけこみやすいと思うのかもしれません。また若い世代と違って、老後のお金がリアルに不安である世代のほうが、「とんでもなく儲かる投資ですよ」という話に喰《く》いついてくるだろうと、足元を見ている人間がいるのかもしれません。

私が昔驚いたのは、「無料でトイレットペーパーやお醤油を差し上げます」という広告につられて、たくさんのひとが集まったという話を聞いたときです。

タダでトイレットペーパーやお醤油がもらえます。

だから○○という会場に集まってください。

そのお知らせの通りにそこに行くと、若くてカッコいい〝イケメン〟が勢ぞろいしていたのだそうです。そしてイケメンたちはお醤油を渡しながら、お醤油の1000倍くらいの値段の生活用品を手に、「これ、とってもいいんですよ」とやさしく話しかけてくれる。普段自分の孫や子どもにやさしくされたことのないひとは、その親切さやひとなつっこいトークにコロリと騙《だま》されて、その高い商品を購入してしまう。しかし一度でも購入したら、また「トイレットペーパーやお醤油が無料でもらえる会」に誘われ、出かけていけばイケメンたちがまたまた登場。もはやビジネスのカモにされているそのひとは、イケメンが喜んでくれるのならと、皆こう言ってしまうのだそうです。

「今日は、何を買ったらいいかしら?」

長い人生だからこそ、私は皆さんに申し上げておきたいことがあります。それは、「この世にタダほど怖いものはない」ということです。前の項で、自分から「仕事をタダでやりますよ」ということは、自分の首を絞めることになるとお伝えしました。でも「はい、これタダで差し上げますよ」というものに自分から近づいていくこともNGです。

タダで暮らしに必要なものがたくさんもらえる、などという〝おいしい話〟はあり得ないのです。そしてタダでひとが過剰に親切にしてくれるなどということもあり得ません。たったの数百円の商品を「ラッキー!」と喜び、代わりに数十万円をスルリと持っていかれるなんて、恐ろしい話です。

「自分は大丈夫」

そう思う方も多いことでしょう。

でも、油断はしないことです。

人生をつまらないことで混乱させないようにするには、「おいしい話」「おいしそうな話」にすぐに首をつっこまないこと。

苦労なくして得られた果実は、半分に割ったら中身が腐っているのです。

そしておまけにその腐った果実の汁が服について、

自分が服もからだも全部洗わないといけないことになった、というのがオチなのです。

苦労なくして得られる果実など、ないのですよ。

第4章

「つながり」を強くする言葉

本当の友達とは

信頼関係は「定期預金」

年をとればとるほどに、本音で語り合える友達は少なくなりますよね。仕事がからんでいたり、他の人間関係がからんでいたりすると、自分の悩みを打ち明けたりできる相手はそうそういないものです。でもそれゆえに、「本当の友達」の存在が、年齢と共に大事になってくるのではないでしょうか。

亡くなってもう20年以上たつのですが、私がよく一緒に仕事をしていたイベントプロデューサーの女性の話をしましょう。彼女はもともとモデルのマネージャーとして活躍していたひとです。亡くなったモデルの山口小夜子さんを見つけ、超一流のモデルとして育て上げたのも彼女です。

「照子さん、面白い子を見つけたのよ。あなたに会ってほしいの。どうやって個性を創り出したらいいか、一緒に考えて」

まだ普通のお嬢さんだった山口小夜子さんの顔に、初めてメイクをしたのは私です。

「ナチュラルなメイクではなくて、顔を創りこんだほうがいいわね」

彼女と私の意見は一致し、ダイヤモンドの原石はダイヤモンドとして輝く道へと転がり始めたのです。

そのイベントプロデューサーの女性は1980年代、無数のイベント、無数のトークショーを企画しプロデュースしました。人脈も豊富。時代の先端をいく作家、画家、音楽家などさまざまなクリエイターたちを引き合わせ、また新たなイベントを企画していく。そんなエネルギッシュで華やかなひとでした。

ただ、後年はひとに騙されて、お金を失ったりしたこともあったようです。あるとき私の家に来て、自分のさびしさを打ち明けてくれたことがありました。

「やっぱり、話ができるひとがいないっていうのはつらいね。そのことにもっともっと早く気づけばよかった」

そう語る彼女の横顔がいまでも目に浮かびます。

その後、何回か会う約束をしたのですが、彼女は会う約束をしたこと自体を忘れてしまったことが何度かありました。そこで彼女が、

「ごめんね、もう1回仕切り直しをさせて」

と言って、もう1回会う約束をするのですが、それもまた忘れてしまって。そんなことが何回か続いたのでおかしいなと思っているうちに、彼女は帰らぬひとになりました。

私はいまでも彼女のことが大好きです。いまでも毎年、彼女の命日には仕事仲間で

集まって「偲ぶ会」をしているのですが、私はそのたびに彼女に語りかけるのです。

あなたはたくさんの活躍をして、時代を駆け抜けていったね。

鎧を着たおつきあいが多くて、大変だったね。

私は少しでも、あなたのさびしさや苦しさを緩和してあげることができたのかしら。

仕事などを抜きにして、本当のことを語り合える友達は、やはり長い時間をかけてつくりあげていくものではないかと思います。これは男性でも女性でもそうですが、仕事や育児で忙しいときは、ついつい友達づきあいを後回しにしてしまいがちです。**でも年をとったり、困ったことが起きたり、さびしい気持ちでいっぱいになったときになって突然友達づきあいを再開しようとしても、なかなかうまくはいきません。**

それまでそんなに深いおつきあいでもなかったのに、子どもが手を離れてからとか、会社を定年退職してから急に「お友達だよね」と言っても、その先に駒を進めていくのは難しいかもしれません。

急に友達と言われても、言われた相手のほうからすれば、「自分が人生上々のときは、こちらのことなど見向きもしなかったのに」という気持ちが湧き上がってくることもあるでしょう。


人間関係は貯金と同じ。

信頼関係は定期預金です。

途中で引き出したりすることなく、少しずつ貯めていって大きな金額にしていくものなのです。


普通預金のように途中で引き出し、残高ゼロの時期もつくったりしてはいけません。

誰かに寄り添ってほしいなと思ったら、その前に誰かに寄り添ってあげることも大事。

ひととひととは、支え合いながら生きているのですから。

亡くなったひとを想うとき

肉体は滅んでも、魂は共に生き続ける

私は霊視ができるわけでもありませんし、無宗教の人間なのですが、**人間というものは、亡くなってもちゃんと魂はこの世に生きているものなのだなと思っています。**そして生きている私たちと一緒に暮らしている。だから大切なひとたちのことは忘れずに、そのひとの話をしてあげましょう。おじいちゃんのこと、おばあちゃんのこと、お父さんのこと、お母さんのこと。話をすれば、きっと近くで聞いているはずですよ。

私がなぜそのようなことを思うのか。それは、前の項でお話ししたイベントプロデューサーの女性にまつわる話がもうひとつあるからです。

ある映画の撮影で私は鳥取砂丘に行きました。第1章でお話しした主役女優さんのメイクをするためです。そのときその映画の音楽を担当した女性が休憩時間におしゃべりを始めました。

「私の知り合いで、昔、私の別荘の窓を開けて『ここ、雪景色がきれいね』と突然言ったひとがいたの。夏なのによ。おかしいでしょう」

私はそのときなぜか、イベントプロデューサーの女性を思い出し、

「ねえ、そのひと、もしかして……」

と彼女の名前を出しました。的中でした。私と音楽家の女性はそれまで面識がありませんでした。

「これはきっと一緒に仕事をするように、彼女が引き合わせてくれたのよ」

と、私たちは妙に納得しました。彼女が亡くなって2年後のことです。

そしてその後、その音楽家の女性のコンサートに行くことがありました。たくさんの楽曲の中、音楽家の女性が歌人・与謝野晶子の歌にメロディをつけて歌い始めたとき、急に亡くなったイベントプロデューサーの女性がヒュッと私の耳を借りて、その歌を聴きにきた感じがしました。そしてその曲が終わると共に「じゃあね、バーイ」と言って出ていった感じがして。亡くなった彼女はいつも独特の言い方で「バーイ」と言う女性でした。その「バーイ」を聞いたときの余韻が私の耳に残っていたのです。おかしなことがあるものだなと思いました。

コンサートが終わって、音楽家の女性が会場の出口で皆に挨拶をしていたので、

「ねえ、亡くなった彼女があなたの歌を聴きに、私の耳を借りにきたのかなと思った曲がひとつあったわ」

と、私は告げました。

するとその日の夜中に音楽家の女性から電話がかかってきました。

「あなたは霊感が強いひとなの？」

「いいえ、全然。そういうのを、信じる人間でもないわ」

「そう。でも、今日私のコンサートであったことを詳しく教えてくださらない？」

私は音楽家の女性に話しました。他の歌を聴いているときは、別に何もなかったけれど、与謝野晶子の歌が始まったときに急に、亡くなった彼女が私の耳で一緒に聴いているイメージがしたこと。そして歌が終わると共に、彼女はいなくなったイメージがしたこと。

それを聞いて、音楽家の彼女は泣き出しました。

「『与謝野晶子の歌に曲をつけて歌ってみたら』と、昔アイデアを出してくれたのは彼女なの。**あのひと、亡くなったけれど、やっぱり生きているのよ。**聴きにきてくれたんだ」

私はそれ以降、家族や友達に先立たれることがあっても、「これは永遠のお別れではないよね」と、お見送りのときに言うようになりました。

確かに、人間は「死」によって、肉体は滅んでしまうかもしれない。
でも、そのひとの「こころ」や「魂」は、きっと私たちのそばにいるのです。

だからそう信じて、忘れないでそのひとに話しかけたり、そのひととの思い出をひとと話したりすると、時折、「私はここにいるからね」「見守っているからね」とサインを送ってくれるのかもしれない。私はそんなふうに考えを変えたのです。

「こころ」や「魂」はきっと近くにいてくれる。
そう考えると、さびしさもフッと消えていくような気がします。

一緒に生きていこうね。これからも。

そうつぶやくと、ちょっぴり勇気も湧いてくるのです。

人望がある人になる

上には強く、下には優しく

世の中には、いくつになってもひとが集まってくる「人望があるひと」と、ひとがまったく集まってこない「人望がないひと」がいます。「人望があるひと」に共通していることは何でしょう。それは、

約束を必ず守る
うそをつかない
誰に対しても丁寧に話す
上から目線の態度をとらない
過去の栄光を自慢しない
いつも「新しいこと」を勉強している

こうした項目をすべてクリアしていることではないでしょうか。あなたのまわりの方々を思い起こしてみてください。ご納得いただけたでしょうか。

逆に「人望のないひと」というのは、こうした項目を〝ことごとく破壊しているひと〟です。そして私が思うのは、「弱いものいじめをして、自分だけ得をしようとするひと」。

これが「人望のないひと」の最大の特徴ですね。

自分より立場が上のひとには媚びて、媚びてを繰り返す。しかし自分より立場が弱いひとのことは邪険にして、何か問題が起きたときには全部そのひとの責任にして、自分は安全地帯に逃げてしまう。こういうひとの元には絶対ひとは集まりません。もし集まっているひとがいたとしても、こころの中では皆そのひとのことを見捨てているのです。

私が会社員時代に心がけていたことは、

上には強く、下には優しく。

ということです。会社で、自分より立場が上のひとにこそ、自分や自分の周囲のひとたちの思いをきちんと伝える。「上には強く」と言っても、もちろん強い言い方をするということではありません。上に対して「黙らず」「媚びず」、自分自身がベストだと思うことを「強い思い」を持って伝えるということです。そして「下には優しく」

というのは、自分の後輩や部下を思いやるということです。


苦労をしているひと、がんばっているひとには、

「お疲れ様でした」

「本当にありがとう」

と必ず声をかけて、労をねぎらってあげる。

何か悩んでいることがあるようなら、

「お昼ごはんを一緒に食べに行きましょう」

と誘って、話を聞いてあげる。

頼んだ仕事を見事にやり遂げてくれたら、

「今回は○○さんが大活躍してくれたのよ」

ときちんと名前を出して、そのひとの働きを周囲のひとたちにアピールしてあげる。

そんな小さな心配りを自分の後輩や部下にしてあげられる人間かどうか、というのは、まさしくそのひとの「人間力」にかかっているように思います。

「人望があるひと」というのはひとことで言うならば、「人間として格好よく振る舞えるひと」なのです。

大人の恋について

軽やかなときめきは、いくつになっても失わない

私は、恋に「適齢期」などというものはないと思っています。恋は若いひとだけのものではありません。高齢になっても、ひとがひとを好きになるのは当然のことです。誰かに恋をして悩むことが、生きる張り合いになっているひともいます。ひとを好きになり、その〝好きになった相手〟に自分を見てもらいたい。そのために自分を磨くという「恋のハンター」。あるいは、誰かに自分の愛を注いでいないとさびしくてたまらないという「注ぎ癖のある、恋の旅人」。それはもう、ひとそれぞれかと思います。

ただ、ある程度の年齢になってきたら、やはり恋に落ちたあとの行動には、気を付けたほうがいいと思います。配偶者に先立たれたあとは、とてもさびしいものです。でもそのさびしさにつけこんで近づいてくるひとも、世の中にはいます。またある程度の財産がある方ならば、やはり財産をしっかり管理する気持ちを持っていないと、恋で浮足立っている間にとんでもないトラブルに巻き込まれてしまうこともあります。

大人の恋は、「情」だけで進めてはいけません。

一緒に暮らす、籍を入れるとなると、子どもはもう独立して別のところで暮らしているとしても、やはり子どもの同意も必要でしょう。子どもに言えば反対されるかもしれないと、子どもに隠れて入籍するなどということは絶対にしないほうがいいと思います。隠れて何かを進めれば、〝恋の相手〟に対する親族の風当たりは逆に強くなってしまいます。

「全部、相手が指令を出しているに違いない」

「どんな魂胆で、この家に近づいてきたのだ」

と、余計なことを勘ぐられたり、それまでの親族との関係が壊れないようにするためには、やはり周囲との十分な話し合いが必要です。

大人には、やはり大人なりの恋のステップの進め方があるのです。

私自身は、「恋」までいかない「軽やかなときめき」が一番心地いいかなと思っています。

「カッコいい！」

「なんて美しい顔なの！　いつまでも眺めていたい！」

ミュージシャン、俳優、ハリウッドスターにときめいたり、カフェでたまたま見かけた青年にドキッとしたり。いまっぽく言うなら、もうキュンキュン（笑）。そんな「軽やかなときめき」なら、いくつあってもいいではないですか。

ときめいて、こころにハリを持たせて、お肌の手入れもして。もしかしたら、どこかで出会うことがあるかもしれない、と勝手にキュンキュン。

恋は「リアルに始まる前」が一番楽しいもの。

年をとったら〝楽しいとこどり〟も痛快ですよ。

悩みを打ち明けられたら

聞いてあげることしか
できないけれど

以前、こころの調子がよくない女性のケアをさせていただいたことがありました。その方は自分のからだも、自分の身のまわりもすべて清潔にしていないと気がすまない方。髪の毛が伸びていると不潔かもしれないからと、髪は五分刈りに。そして洋服は新しいものをたくさん買ってきては、1回着てすぐにゴミに出す。寝具もすべて毎日洗わないと、こころが落ち着かないという方でした。

御家族が何か言っても、まったくコミュニケーションがとれないとのこと。そこで第三者である私が呼ばれたのです。

何気ないおしゃべりをしているうちに、彼女は言いました。

「家族は私のすることに『バカ、やめろ』『バカ、いいかげんにしろ』しか言わないから、いままで誰にも言えなかったのですけれど、聞いてもらえますか」

私はこう答えました。

「ええ、もちろん。聞いてあげるしかできないけれど。私には、立派なアドバイスなんてできないけれど」

彼女は、自分が身のまわりをきれいにしていたのは、自分に何か虫がついているような気がしていたからだと告白を始めました。もちろん彼女は家族にも、虫のことを言おうとしたときがあったそうです。でもそれを言う前に家族に「何をやっているんだ」「今月の水道代がいくらかわかっているのか？」と罵倒され、何も言えなくなってしまったのです。そして家族に「やめろ」と言われれば言われるほど、ますます身のまわりをきれいにしなければ気がすまなくなってしまったそうです。

私はひとことだけ言いました。

「すごく、つらかったね」

彼女は「気持ちをわかってくれて、嬉しい」と言って泣いていました。どうしろ、こうしろ、こうすればいい、ではなく、自分のいまの気持ちを受け止めてくれるひとがいて嬉しいと泣きじゃくり、そこから彼女の気持ちは立ち直り始めたのです。

私は年齢も年齢ですから、老若男女問わず、さまざまな方から相談を寄せられることが多いです。自分が専門にしている仕事上のことでしたら、具体的な解決策を提示したりもしますが、プライベートな繊細な悩みに対しては、いいかげんなアドバイスは絶対にしません。

ただ、ゆっくりお話を聞きます。
聞いてあげるしかできないけれど、
相手の方が、他のところでは言えないことを全部吐き出し
その気持ちをこちらが共有し、共感するだけでも
その方の「孤独」は薄らぐのではないかと思います。

たとえば、親の認知症が始まってしまって。たとえば、家族のがんの治療がうまくいかなくて。そして治療がうまくいっていないということを、誰にも言えなくて。たとえば、子どもが急に学校に行かなくなってしまって。

そんな、ひとに気軽に相談できないことは、大人なら誰でもひとつやふたつ必ず持っているものです。でも、ひとりで悩み続けるということは、とても「孤独」なこと。

もしご家族や、大事なお友達が何かに悩みを抱えていそうなときは、どうぞ、

「聞いてあげるしかできないけれど」

という言葉で寄り添ってあげてほしいと思います。

少しの時間でも、時間を共有し、気持ちを共有してくれるひとがいるということは悩みを抱えて生きるひとにとっては大きな支えになるものです。

そこには、特別な言葉などいらないのです。

モヤモヤしたこころを整える

自分は何者でもない

「毎日がつまらない」「毎日がうまくいかない」。そんな気持ちにふと、とらわれてしまうことも時にはありますよね。何かこころがモヤモヤし、自分のこころの出口がはっきりしない。そんなふうにこころが乱れ始めたときには、こう思うことです。

私は森羅万象《しんらばんしょう》の中の一部。
動物にも
植物にも
いのちがあって
私たちはそのいのちをいただいて
自分たちのいのちを維持している。
すべてのいのちはつながっている。
いま同じ時代に生きている
森羅万象への深い思いやりと
深い感謝を取り戻そう。
自分のことだけでこころを不透明にしないこと。

こころをいつも透明に。

人間はいつも、いろいろなことを感じるものです。こういうことはやめよう、こういうことを言ったりするのはやめよう。ことあるごとに学習して、ひとは年月を重ねていくもの。しかしときどきたがが外れて、それまで積み上げてきたものを台無しにしてしまうこともあります。

そうならないようにするためには、

ときどき、海を見つめたり
広々とした空を眺めたり
山の緑を眺めたりして、
自分は「何者でもない」
ということを思い出すことです。

社会的な地位の向上や、他人のほめ言葉などによって、こころが驕《おご》り高ぶってきた

ときは、

「何様だ」

と、自分のこころをたしなめることも大切です。


私たちは、森羅万象の一部。

何様でも、何者でもないのです。

自分の原点を見つめ直す

私の財産は「ひと」

「ひとは、ひとりで大きくなるわけではないんだよ」。子どものとき、親によく言われる言葉です。でも、これは本当にそうだなと、最近しみじみ思っています。

我が家に、兄の親友が書いた紀行本がありました。その方は高校を卒業したあと、松尾芭蕉の『おくの細道』の行程になぞらえて東北を徒歩で回られました。そして山形に寄られたとき、私と養父母が暮らす家に宿泊されたのです。そのとき私とその方が交わした会話のことが、その本の中に書かれていました。

私は当時16歳でしたけれど、そのことをまったく覚えていませんでした。

私と兄は苗字が違います。私が6歳のときに実父が亡くなり、兄は実父の後妻が育てることに、そして私は養女に出されたからです。苗字の違う兄妹だけれど、容貌はよく似ていると、その方は思われたようです。そして私はその方に、自分は東京に戻って、勉強がしたいのだと訴えたそうです。そこでその方は、

「望みさえ持っていれば、必ず実現するから」

と、声をかけてくださった。

私はその部分を読んだとき、初めて69年前のことを思い出しました。

ああ、そうだ。最上川のほとりを歩きながら、その方は私が最近読んでいる本について質問された。私が「太宰治の『斜陽』を読んでいます」と言ったら、海外の文学作品も読んでごらんなさいと言って、ヘルマン・ヘッセの『車輪の下』を薦めてくださったのだった。

そんな何気ない会話を交わしただけでしたけれど、「もっともっと、新しいことを勉強したい」という私の気持ちは、そこからさらに高まっていったのです。

私はいままで、強い思いを持って東京に戻ったのは、自分の力だけでなし得たことだと思っていました。でも、それは違いました。**私にも、こころに強く響く言葉を**

投げかけてくれた方がいたからこそ、私は10歳のときから暮らした山形を離れて、20歳で東京の美容学校に入学するという道に突き進むことができたのです。

そう、山形を離れるときは友人たちが見送りに来てくれました。

「なあ、照子。東京でねばダメなんだか？　ここではできねんだが？　東京さいがねばダメなんだが？」

「うん。でも一生、友達だ。約束だよ」

汽車が出るとき皆が泣き出し、私も泣きじゃくりながら手を振り続けたことも、思い出しました。励ましてくれるひとがいて、強い思いで決心して道を歩んできた自分がいて。時には、自分の原点を見つめ直して、自分の人生に関わってくれたひとたちのことを思い出してみることも大切ですね。

年々人数は少なくなりますが、山形の友人たちとは、いまでも定期的に集まっています。集まれば、また皆、いまでも同じ言葉を繰り返しています。

「なあ、照子。東京でねばダメなんだか?」

人間が何よりも大事にしなければならないものは「ひと」。
私の財産は「ひと」。

この思いはいつまでも、大事にしていくべきものだと考えています。

おわりに
生きていれば必ず「いいとき」が来る

最後にお伝えしたいのは、私が18歳のときから大事にしている言葉です。

いまのおめは
どやってもダメなどきだ
したさけて
死んでしまたら

なんもなんね
そんな考えはぅだれー
いのぢは大事だぞ
生ぎでいれば
いいどきもくっさけな

（いまのおまえは
どうやってもダメなときだ
だからといって
死んでしまったら
何にもならない
そんな考えは捨てなさい
いのちは大事だぞ
生きていれば
いいときも来るから）

これは山形県・庄内地方の言葉です。終戦直後から8年間看病をしてきた養母は、骨盤カリエスという病でずっと寝たきりでした。その養母が亡くなり、火葬場から骨壺を抱えて帰ってくる私を、近所のひとたちが口々に励ましてくれたのです。

私の人生にはなぜ
悪いことばかりが起きるのだろう。
「希望」など、何年たってもどこにもないではないか。

そんなふうに打ちひしがれ、すべての感情がなくなっていた私の姿を見て、たぶん皆が同じことを考えたのでしょう。
「この子、このままでは危ない」「自暴自棄になってしまうかもしれない」と。
誰かがスッと私の手の甲に手を重ねて、言ってくれました。

いのぢは大事だぞ

その言葉を聞いて、私は我に返りました。

人生には、自分の力だけではどうすることもできない「長い冬」の中を生きなければならないときもあります。私はたぶん、人生の前半が長い長い冬だったのでしょう。でも人間の人生にも必ず四季はあるのです。猛吹雪のあと、雪をかき分ければ小さなふきのとうが芽を出して、春を連れてきている。その「ふきのとうの芽吹き」を信じて「長い冬」を生き抜けるかどうか。その「ふきのとうの芽吹き」を雪の間から見つけられるかどうか。私たち人間はいつも試されているのかもしれません。

2020年。いま、予想だにしなかった困難に直面している方々はたくさんいらっしゃると思います。私自身も企業経営者として、突然の吹雪の中を歩いている最中です。でも、私はこんなときだからこそ、言いたいのです。

いのちは大事だぞ

死んでしまたら
なんもなんね
そんな考えはうだれー
そんな考えはうだれー
そんな考えはうだれー

まず、生きなければ。
知恵を絞って、生き抜かなければ。
生き抜いて、生き抜いて、
再びふきのとうを見つけるために雪をかき分けなければ。
人生はその繰り返しです。
それを繰り返せるかどうかです。

本書には、人生の四季を繰り返してきた私という人間の「生きるヒント」を結集しました。多くの皆さんに、「前に向かって生きる知恵」として使っていただければと思います。

さあ朝が来た。
今日も目をあけたら、生きてました。
ありがたい。
生きてるだけで丸儲けです。
今日という日を、生きていかなくてはね。

生ぎでいれば
いいどきもくっさけな

私は、この言葉を信じています。

小林照子

著者紹介

小林照子（こばやし　てるこ）

1935年生まれ。美容研究家・メイクアップアーティスト。

化粧品会社コーセーにおいて35年以上にわたり美容について研究、その人らしさを生かした「ナチュラルメイク」を創出。数々のヒット商品を生み出す。また、メイクアップアーティストとしても活躍し、どんな人でもきれいに明るくすることから「魔法の手」を持つ女と評される。

91年、コーセー取締役・総合美容研究所所長を退任後、56歳で会社を創業、美・ファイン研究所を設立する。94年、59歳で、［フロムハンド］小林照子メイクアップアカデミー（現［フロムハンド］メイクアップアカデミー）を開校。2010年、75歳で、青山ビューティ学院高等部を本格スタート。近年は現場力を持った女性リーダーを育成する「アマテラス　アカデミア（ATA）」を開講。85歳を迎えたいまなお精力的に活動を続けている。著書多数。

美《うつく》しく生《い》きるヒント

2020年6月20日　第1刷

著　者　小《こ》林《ばやし》照《てる》子《こ》

発行者　小澤源太郎

責任編集　株式会社　プライム涌光
電話　編集部　03(3203)2850

発行所　株式会社　青春出版社
東京都新宿区若松町12番1号 〒162-0056
振替番号　00190-7-98602
電話　営業部　03(3207)1916

印　刷　中央精版印刷　　製　本　大口製本

万一、落丁、乱丁がありました節は、お取りかえします。

ISBN978-4-413-23160-2 C0095